4⁼

VICTOR MASSUH

CARA Y CONTRACARA

VICTOR MASSUH

·

CARA Y CONTRACARA

¿Una civilización a la deriva?

EMECÉ EDITORES

860-4(82)   Massuh, Víctor
MAS   Cara y contracara: una civilización a la deriva. -
               1a ed. - Buenos Aires : Emecé, 1999.
               192 p. ; 22x14 cm. - (Títulos varios)

               ISBN 950-04-1986-6

               I. Título - 1. Ensayo Argentino

Emecé Editores S.A.
Alsina 2062 - Buenos Aires, Argentina
E-mail: editorial@emece.com.ar
http: // www.emece.com.ar

Diseño de tapa: *Eduardo Ruiz*
Foto de tapa: *Keystone*
Fotocromía de tapa: *Moon Patrol S.R.L.*
Primera edición: 4.000 ejemplares
Impreso en Verlap S.A.,
Comandante Spurr 653, Avellaneda, mayo de 1999

Prólogo

[El contenido de este libro oscila entre la promesa y el desencanto, entre la aventura esperanzada y la desventura.] Se refiere a algunas realizaciones mayúsculas de nuestro tiempo que alimentaron la ilusión de que la humanidad accedía a metas definitivas del progreso. Pero al cabo de un período esas realizaciones terminaron por ofrecer una imagen opuesta: la decepción. En algún aspecto, este libro adelanta una serie de perspectivas maltrechas: la historia promete un fruto dorado pero luego da lo contrario.

A pesar de todo, y esto es lo notable, la lección de nuestro tiempo no es la del pesimismo sino la constatación saludable de que el progreso humano no tiene un sentido único:[transita por vías diversas, en varias direcciones —entre ellas las del bien y el mal— y *simultáneamente.* Es decir, se progresa con intensidad equivalente en el sentido de la creación y la destrucción, la abundancia y la escasez, la tiranía y la libertad, la razón y lo irracional, la totalidad y el fragmento, la violencia y la noviolencia, la santidad y la crueldad gratuita. Lo asombroso es que el incremento de un término no implica la disminución de su opuesto: parecieran procesos que no se tocan. Por momentos uno imagina que los domina una secreta alimentación mutua, un equilibrio de vasos comunicantes.

¿Sería posible conjeturar que la realidad histórica, tan vertiginosa en su curso, es mucho más estable en sus niveles profundos? Esto llevaría a pensar que opuestos tales como florecimiento y decadencia, esperanza y desesperanza, justicia y crimen, sufrimiento y alegría, orden y desorden, más los que ya he mencionado, tendrían grados de desarrollos equivalentes en las distintas épocas. Y que las "magnitudes" del bien y del mal históricos, desde una perspectiva de "larga duración", siempre guardaron cierto equilibrio. Si se acrecentaba un término, también lo hacía su opuesto porque todo progreso engloba a ambos.

* * *

Sé que esta hipótesis es difícil de sostener porque, entre otras razones, bordea el fatalismo: un pecado de lesa incoherencia en el autor de estas líneas quien, fiel seguidor del argentino Alejandro Korn, cree en la "libertad creadora". Se trata del acto fundador de lo humano en su triple dimensión: crea normas y valores, la voluntad de someterse a ellos y la de modificarlos. No hay un trazado fatal que obligue a la parálisis o a la repetición de la historia, al menos se lo desconoce: contra sus límites actúa, en caso extremo, la osadía del héroe que busca espacios inéditos, añadiría Korn.

Sin embargo esta incoherencia me atrae y creo que valdría la pena encontrar el modo de superarla. Acaso tratando de conciliar la "libertad creadora" con una "filosofía de la tragedia". Esta filosofía reconoce una tensión ineludible entre opuestos que no convergen en una síntesis ni en el predominio de uno sobre el otro; y cuya irresolución también comprende a la oposición entre el bien y el mal. Pienso que aceptar esta inevitabilidad de los opuestos acaso permita la *lucha* histórica del modo más noble, "sin esperanza de victoria" como decía Unamuno. Una filosofía de la tragedia, por ejemplo, generaría descreimiento en la autosuficiencia de los utopistas, violentos: por cada creyente en el baño de sangre salvífico habría un escéptico apostando a la negociación. El devoto de una verdad absoluta estaría flanqueado de relativistas; el fanático de los multimedios sería el secreto protector del pasatista enamorado de la lentitud. El poder de los globalizadores acrecentaría el de las identidades regionales, y las grandes centrales de la producción cultural y cinematográfica no alcanzarían a bloquear el estallido de individualidades creadoras en las tierras de la marginación.

La sabiduría trágica estimula los opuestos, no los resuelve, pero culmina en el polifacetismo. Aceptar esto último es comprender que lo que tradicionalmente llamábamos *progreso histórico* (sentido único), hoy habría que estudiarlo como *expansión de la historia* (en sentido múltiple) o, si tal es el caso, como el progreso de una dirección que simultáneamente intensifica la contraria.

En adelante, es obvio que ningún fenómeno de gran alcance puede ser abordado sin esa contracara negativa que lleva dentro y que también lo constituye. En las páginas que siguen examiné hechos contemporáneos desde esta perspectiva. Trataré de enumerar algunos: 1) La técnica: su aventura no puede ser más fantástica, es una aliada de la vida. ¿Pero no está también corroída por un vértigo que la lleva a ser un sustituto de la vida? 2) El saber instrumental (de los medios) tiende a desplazar al saber de los fines y valores. ¿Es posible hacer esto sin incurrir en un empobrecimiento del ser humano y, finalmente, de la técnica misma? 3) El énfasis puesto en el "sentido histórico" es un rasgo positivo de nuestro tiempo. ¿Pero puede su traducción en memoria ética y enjuiciamiento del pasado ser un estimulante vital si no entabla una dialéctica con el olvido? 4) La globalización es un acercamiento saludable al hombre planetario. ¿Pero algunas de sus manifestaciones no nos hablan de una universalidad falseada, centrada en la uniformidad más que en el pluralismo? 5) La democracia hizo compatible el desarrollo económico con los derechos humanos. ¿Su creciente complejidad y el descreimiento en la praxis política, no la alejan de la espontaneidad popular y de la juventud? 6) La "implosión soviética" fue tema dominante luego de la caída del Muro de Berlín en 1989. Un sistema fundado en la arbitrariedad y el terror se vino abajo y la crónica más lacerante de ese sistema fue *Archipiélago Gulag*. Pero al día siguiente de su caída, en pleno triunfalismo de la democracia liberal ¿no comenzamos a percibir signos de una "implosión occidental"? 7) El siglo XX mostró hasta el hartazgo la naturaleza genocida de las Grandes Revoluciones (también de las pequeñas) y su estruendoso fracaso. ¿No llegó el momento de admirar los movimientos reformistas y pacíficos de la Sociedad Civil, esos que no aspiraron a la "toma de Poder", como ocurrió con la movilización estudiantil del Mayo francés de 1968?

Éstos son algunos perfiles de una civilización que con sus caras y contracaras no deja de dar la impresión de que marcha a la deriva: un bamboleo entre apariencias, direcciones encontradas, sustitutos, medios, instrumentos, mediaciones. Pese a su polifacetismo expansivo, ella *ha perdido la inmediatez*. Es decir, el contacto inmediato, el cara a cara, la vivencia, la relación del ser humano con las cosas, los otros seres y los fines: el prójimo, la naturaleza, la comunidad, la belleza, el

12

bien, la verdad y lo sagrado. Urge rescatar la relación viviente, sin mediadores ni sustitutos. Se trata de un ejercicio de extrema simplicidad como todo verdadero punto de partida.

Aunque con escasas ilusiones, no creo que este libro haya renunciado al afán de definir un comienzo. Y aun "sin esperanza de victoria", no dejó de tomar la opción debida en el trágico combate de los opuestos. Luego del entusiasmo que muchos vivimos ante los prodigios e invenciones de nuestro tiempo vienen la reflexión, el desencanto, la toma de conciencia. Pero también la pregunta que salva y pide continuidad, otra vez. Maravilla de la historia humana: aunque haya metido un gusano en sus mejores frutos, siempre renacen el asombro, la lucha, la voluntad de intentar de nuevo: se cuentan las bajas y se limpia el campo. La reflexión, entonces, es una vela de armas para reiniciar la aventura.

V. M.

Auge del sustituto y pérdida
de la inmediatez

En su libro *Presencias Reales*[1] George Steiner se alarmaba por la proliferación de una "cultura del comentario" en nuestros días, denunciaba esa abundancia de textos que interpretan y analizan una obra original —literaria, filosófica, artística o científica— al punto de llegar a reemplazarla. En tales casos, el lector o el observador se pierde en estas etapas intermedias que, al cabo, terminan postergando el asedio a la obra original o dejándola en las sombras. Hay más comentaristas que creadores, vendría a decir Steiner. Y la cantidad de aquéllos impide el contacto directo con éstos. El hecho se agudiza cuando un mero comentaris-

[1] *Réelles Présences*, Gallimard, París, 1991.

15

ta de actualidad adquiere aires de filósofo de la historia, o algo más pintoresco aún: que un modesto lector de noticias en la televisión se vea bruscamente transformado en emisor de opiniones.

En su crítica a la "cultura del comentario" Steiner llegó a sostener que tal exceso impide incluso el surgimiento de obras originales. Yo no lo sigo en esta afirmación. No creo que una cosa trabe el desarrollo de la otra. Dudo de que la repetición conspire contra la creación. Ejemplos: no creo que el aristotelismo, el cartesianismo o el kantismo impidan la aparición de nuevas figuras equivalentes a Aristóteles, Descartes o Kant. No me parece que los estudios que hoy se amontonan en torno a Borges conspiren contra el surgimiento de un creador de rango similar.

El comentario no es una hiedra parasitaria que asfixia al árbol succionándole su savia nutricia. La obra original se prolonga en exégesis que no la agotan. Gracias a los *Comentarios* de Averroes en el siglo XII Aristóteles renació en el cuerpo de la filosofía occidental. Por otra parte, la obra original y el comentario pertenecen a procesos diferentes. La primera se asemeja mucho a una creación *exnihilo*: de pronto irrumpen una verdad o una obra de arte inesperadas, de gran poder genesíaco, y a las que resulta difícil hallar un antecedente. Tienen algo de obra divina. El comentario, no; éste necesita de un soporte, se agrega a un tronco saludable, ofrece un aspecto parasitario a pesar de su alto vuelo. [Siguiendo con el ejemplo de Aristóteles es arduo negar la originalidad de las exégesis no sólo de Averroes sino también de Maimónides y de Santo Tomás. Pero necesitaron adherirse al formidable tronco griego.]

Tampoco habría que pensar que el creador agota, al forjar su obra, las vertientes de toda creación futura. Esto implicaría aceptar que la obra original es testimonio de un desgaste de la fuerza creadora de la cultura y su corolario, por lo tanto, sería una filosofía de la decadencia. Se concluiría entonces que toda gran obra no sólo agota al obrero sino también el caudal del que se nutre: una substancia excelsa no renovable. Y que al desmejorar la creatividad aparecen, entonces, la repetición, el comentario, la imitación y el sustituto. En esta hipótesis se basaría parte del diagnóstico pesimista con respecto al porvenir de la cultura.

Yo me inclino a suponer lo contrario. No creo en la teoría de la substancia creadora como energía no renovable. Confío en que el Espíritu Santo o el *Élan Vital* —para decirlo de algún modo— sopla donde quiere y sus designios son incognoscibles. Puede operar el eclipse de una cultura, abandonarla y reaparecer en otra. Pero además me atrevo a suponer que la repetición no daña al acto creador: ambos dinamismos responden a necesidades distintas y a menudo se complementan. A lo sumo, el acto creador es el solo recurso eficaz para que la repetición no se vuelva destructiva. Ese acto difunde una atmósfera nueva —literaria, filosófica, científica, plástica—, obliga a una respiración más profunda que la habitual. Tonos, conceptos, imágenes inéditos enriquecen de pronto el paisaje conocido y la mirada se abre a otras percepciones.

Yo creo que el aspecto verdaderamente negativo de la "cultura del comentario" es lo que se llamaría la *pérdida de la inmediatez.* Esto ocurre cuando se suprime el contacto directo con la obra original y uno se extravía en la jungla de los comentaristas y los intermediarios. Ocurre también cuando las criaturas de la creación dejan de ser "próximos" y se vuelven lejanos, cuando debilitamos la experiencia inmediata de los seres y de las cosas que nos acompañaron a lo largo de la vida como irreemplazables. En esos momentos de flaqueza nace la acción del *sustituto*. Inicialmente se presenta como una vía de recuperación de aquella experiencia pero al cabo, procura interrumpirla o reemplazarla. Este riesgo se agrava porque el sustituto es perfectible, la caducidad de sus ejemplares se hace vertiginosa y su producción crece sin cesar. Entonces el sustituto se convierte en un mediador indispensable. Además, nos convence de que la experiencia directa es insuficiente y que solo él brinda una exploración más profunda de la realidad.

En la mayoría de los casos la *inmediatez* desaparece. Se nos dice —por ejemplo— que para acceder al núcleo de *Edipo Rey* de Sófocles necesitamos de su densa interpretación filológica, histórica, religiosa y psicoanalítica. O que no se lea ese maravilloso texto que se conoce como *La apología de Sócrates* sin haber pasado previamente por el diluvio del platonismo. El comentario introductorio entonces se coaliga con la labor erudita, la cátedra universitaria y la minucia de los expertos, todas ellas importantes, por supuesto. Pero casi siempre una distancia se interpone entre la obra original y el lector. El conocimiento

19

deja de ser experiencia primera, asombro, es decir, inmediatez.]

Lo cierto es que no hay sucedáneo aceptable de la obra original. Ella es luz, deslumbramiento, continuidad de la revelación divina o su analogía, un escándalo que produce "conversos" a una causa nueva. La obra de arte o de pensamiento generan la religión de la cultura, un nuevo entusiasmo, es decir, un poder que transforma. Es el poder del sabio, del artista, que se ejerce no por compulsión sino por persuasión, una fuerza espontánea que se abre paso, arrastra las limitaciones y nos hace sentir libres. Ésta es la conversión que opera el contacto con una gran obra, el hechizo de su inmediatez cara a cara. Esto es lo que se debilita y apaga al convertirse en conocimiento objetivo, erudición, comentario, sustituto. Nos hemos alejado del asombro inicial ante aquello que el hombre crea cuando semeja a los Dioses. La experiencia es reemplazada por su interpretación. El fuego languidece y su evocación razonada apenas logra reavivarlo.

Me pregunto si no es ésta la intención secreta de algunas formas asumidas por la interpretación en nuestros días: ser ellas mismas el evento creador aunque se muevan con ardor prestado. Por más rica y sofisticada, la interpretación pone una distancia que a veces fatiga; es languidez, pérdida de la temperatura original. Ampliando más el panorama, diría que el sabor, el color y el perfume de la verdadera vida desaparecen y en su lugar dominan las elaboraciones, los artificios, los simulacros y las imitaciones. La abundancia de todos estos productos que simulan ser vida y que la sustituyen, ha hecho de la repetición —inicialmente benigna— un movimiento maldito. Y lo peor es que tales sustitutos integran las dos terceras partes de la civilización contemporánea.

Me pregunto si una genuina búsqueda de la inmediatez debiera apoyarse en ese notable fenómeno que hoy llamamos *globalización*. Más adelante señalaré sus aspectos positivos para la comunicación, la simultaneidad de las presencias y la abolición tanto del espacio como del tiempo considerados como obstáculos para la relación directa. Pero también hablaré de su papel negativo en la génesis de la incomunicación y la pérdida de la inmediatez. Antes dije que en la relación con la obra original, el comentario afectaba al conocimiento porque lo separaba de la experiencia viva.

En el caso de una globalización, que justamente se basa en la "abolición de la distancia", esta última reaparecería abriendo un abismo entre la experiencia y la decisión, entre el arraigo en un minúsculo fragmento de realidad por un lado, y el vuelo de la visión planetaria por otro. En ambos casos —el del comentario y la globalización— la fuente de lo vivo aparece encubierta por un sistema de mediaciones, informaciones, etapas introductorias, abstracciones macroeconómicas, globalismos que intentan convencernos del viejo adagio chino que dice: "la distancia más corta entre dos puntos es la que da la vuelta al mundo entero". Es decir, persuadirnos de que en un mundo de distancias abolidas es preciso complicar a las estrellas para saber qué ocurre a nuestro lado.

Una de las consecuencias notables de estos artilugios de la mediación es su *abundancia*. Éste es un fenómeno nuevo que exige un examen. La perspectiva de la abundancia nos acosa y envuelve hasta crear en nosotros una ilusión: que la inmediatez de lo real, de lo vivo originario, se ha perdido para siempre y que la relación directa con los seres *reclama sustitutos*. No sólo comentarios, informaciones, abstracciones globales, sino también simulacros, cosméticas, máscaras, prótesis. Las apariencias se encarnizan con la vida y quieren ocupar su lugar definitivamente. Aparece entonces la abundancia de los sustitutos que propone esta verdad inexorable: dado que ellos *son* la vida, es ésta la que hoy resulta abundante, y puede, por lo tanto, aceptarse su desperdicio. *Podemos aceptar el despilfarro de la vida dado que por su exceso ella vale poco.* Ésta es la lección atroz que entre sus pliegues esconde la cultura contemporánea. "Sangre es lo que sobra" clamaba con sarcasmo un poeta argentino.[1]

¿Acaso sobra? ¿La abundancia de los sustitutos es también abundancia de vida? Las sociedades opulentas tienden a creerlo: la vida sería un grifo abierto, podemos dilapidar su caudal inagotable. Y si la sangre falta, ¿no tenemos el plasma sintético y los órganos de los agonizantes? Hay una abundancia de cuerpos en una superpoblación planetaria incontenible que hace pensar a algunos neomalthusianos en sangrías bienhechoras. No está en mi ánimo hacer ironías chocantes.

[1] *Vida Privada* de Luis O. Tedesco. GEL. Buenos Aires, 1995.

¿Pero si no se parte de la creencia de que la vida es derroche dado que abunda y vale poco, cómo explicar que durante más de cuatro años Europa haya contemplado impasible matanzas en la propia región y cuyo símbolo era —hasta hace poco— Sarajevo? ¿Qué decir del exterminio mutuo de etnias diferentes en África? ¿Y las sangrías con pretextos religiosos y políticos en Pakistán, India, Bangladesh y Chechenia?

Pero si éstos no son ejemplos válidos de la vida como derroche, se nos sugiere buscarlos en otros campos: la ingeniería genética y la inseminación artificial. Ellas obran el milagro de la multiplicación de los panes y los peces, los animales, las plantas y los seres humanos. Es difícil no ver en estas proezas una abundancia de vida que autorizaría a mantener el grifo abierto. La ilusión de que ese caudal es inagotable alimentó un comportamiento irresponsable con la naturaleza y produjo depredaciones planetarias.

Total "sangre es lo que sobra". Sobran sí los aparatos que de tan abundantes y perfectibles pasan, en un suspiro, a la condición de chatarra. ¿Acaso también sobran los alimentos que no sabemos cómo desplazar fuera de los límites de la opulencia sin quebrar el equilibrio global? Me pregunto si abundan terrenos para enterrar los residuos tóxicos, si sobran los océanos donde desencadenar explosiones radiactivas. No lo creo. Pero sin duda está de más esa mentirosa pedagogía de la abundancia que anuncio tras anuncio identifica el uso de cualquier producto con el éxtasis y la felicidad.

Pensemos en otra gran abundancia de nuestros días: *la comunicación*. Es difícil dudar de su magia, de los medios que pone a nuestro alcance para ensanchar el conocimiento y dar una información pormenorizada. Se abren infinitas vías de acceso, prodigiosos instrumentos vuelcan un desenfrenado torrente informativo ¿pero la atención circula verdaderamente por ellos? ¿No se brindan más arterias de comunicación que las que pueden ser transitadas? Sólo un margen reducido de esos recursos son utilizados por la mayoría de los usuarios. Me pregunto si ese exceso de informaciones y su manipulación febril no terminan alejándonos del hecho que queremos conocer.

Imaginemos una escena: las declaraciones de un protagonista destacado sea de la actividad pública o privada. A partir del evento inicial en que el declarante tiene un collar de micrófonos que lo están mordiendo, donde apenas puede pensar y menos expresarse, un cúmulo de imágenes y textos se trasladan al papel, la pantalla, el fax o la línea telefónica. Esa entrevista origina crónicas, comentarios periodísticos, testimonios alusivos que multiplican las versiones; se verifican las que contrastan, se selecciona el material acumulado, y el último tramo consistirá en corregir errores o equívocos producidos en las etapas de elaboración. Pero acontece que ya fuera de las bocas de salida radial, televisiva o gráfica, el producto resulta insatisfactorio y, con frecuencia, requiere una rectificación, un derecho a réplica cuando no una nueva intervención del entrevistado. Esa información termina dando a luz una hija deforme: la desinformación. Pocos dudan que ésta gane hoy cada vez mayor espacio. Pero seamos justos: no todos son tropiezos de la prisa informativa. Si pese a la perfección de los instrumentos la noticia es imperfecta o la entrevista infiel, ello se debe a que el entrevistado —por natural limitación humana— tampoco tuvo la oportunidad de ser fiel a sí mismo.

¿Cuál es la verdadera lección? Que la abundancia de material informativo termina alejando al lector o espectador del evento, por exceso de proximidad. Ese abusivo pacto de la información con el costado epidérmico de la actualidad produce una inevitable lejanía. La actualidad es de por sí una arenilla que se tira sobre los ojos para no ver. Su efecto más frecuente es la modorra o la indiferencia ante un paisaje que pasa velozmente: una actualidad mata a la anterior porque quiere ocupar su espacio. Una vez más: el exceso de información no ayuda a recuperar la inmediatez de la vivencia. Sencillamente porque la penetración en lo permanente de la vida transita, con mayor frecuencia, las vías del despojamiento.

Sin embargo cualquier televisor vuelca imágenes y textos por 70 canales, mañana serán 700. El CD Rom ofrece, además, un espectáculo. Se convirtió en el music-hall de la enseñanza: aprender divierte. Por supuesto, todas estas posibilidades son bienvenidas, promesas de enriquecimiento interior. Pero son sólo posibilidades. Entretanto, la *abundancia* genera la ilusión de la inmediatez de la vida, cuando en verdad esos instrumentos tienden a ser empleados para sustituirla. Son filtros mágicos de la tecnología, tienen poder de seducción, esclavizan imponiéndose como indispensables para todo acto de conocimiento inmediato.

[Lo terrible es que sus imitaciones de la vida atraen más que la vida misma.] En el lugar del amor impone su descripción mecánica, sobre el original tiene preeminencia la copia, [más que el actuar importa su pasiva contemplación.] El prójimo se convierte en distante, el actor sólo en espectador. Se prefiere seguir dócilmente el comentario de un evento emitido desde lejos, que examinarlo con el ser que se halla a nuestro lado. ¡Delicias del café ya lejano en el pasado, donde la soledad obligaba a la comunicación! En ese mismo espacio hoy la comunicación obliga a la soledad de múltiples miradas fijas en las piruetas de un rincón luminoso. Apenas importa el encuentro cara a cara con el ser que amamos o el duelo de haberlo perdido, porque tenemos a mano infinitas distracciones que lo reemplazan o crean una distancia sedante, incluso el olvido.

[Pero hay un punto en que la civilización del "caudal inagotable" forja su obra maestra: me refiero a esos templos de la modernidad que son los *supermercados*. En ellos los opuestos se reconcilian: la producción incesante y el despilfarro, la calidad y el costo, la variedad de los productos y el arbitrio de la elección, es decir, el reino de la necesidad y de la libertad. Es difícil objetar su alcance revolucionario: ofrecen una abundancia que ya no es privilegio de pocos, no discriminan, son accesibles a multitudes donde el interés no excluye la distracción. Para muchos expresan lo mejor de la economía democrática, para otros una de las secretas aspiraciones del socialismo.

Esto último no es extraño. Cuéntase que cuando en diciembre de 1989 cayó el Muro de Berlín, la mayoría de los alemanes orientales que invadieron festivamente la parte occidental, querían sobre todo acceder a los supermercados, tocar con sus plantas el recinto donde se habían cumplido importantes promesas del socialismo: la abundancia de bienes variados y la libertad de elegirlos. Pero no faltó entre los invasores el testigo desconfiado que hiciera referencia —ante el micrófono televisivo— a la montaña de residuos acumulados en la trastienda del paraíso: alimentos en vías de descomposición, envases vencidos, prestos a ingresar en un basural o ser enviados con destino incierto. Tratábase de una abundancia que quiere ser saludable aunque reconozca que su precio real es el despilfarro. No obstante, no se duda en pagarlo porque la ilusión metafísica es fuerte: el caudal de la vida es inagotable.

Quiero volver la mirada sobre otra abundancia que considero tan crítica como la de los alimentos. Me refiero a la del espíritu religioso. Me pregunto qué significa la proliferación torrencial de sectas de todo tipo. Ya no asistimos a un solo supermercado de lo divino sino a una multitud de tiendas —algunas lujosas— que ofrecen mercancías salvíficas: escuelas de meditación, gurúes, pastores, cultos orientales, disciplinas yogas, asambleas evangélicas, centros budistas, logias, rituales mágicos y tribales, Hare Krishna, shamanes, milagreros, panteístas, telepredicadores, fundamentalistas, buscadores profanos de la experiencia mística. A esta lista precaria habría que agregar los que buscan la iluminación por los atajos de la droga. ¿Esta nutrida feria de lo Absoluto representa una riqueza de la vida religiosa o su empobrecimiento?

En una clase universitaria dialogaba con alumnos sobre la naturaleza de la experiencia religiosa, especialmente de la mística. Concebíamos a

ésta —para decirlo rápidamente— como una relación de extrema inmediatez entre el hombre y
lo sagrado. Uno de ellos preguntó si era posible
que la mística abriera en su seno un espacio legítimo para la exploración con drogas que estimularían el acceso a un "sentimiento oceánico", una
"apertura a lo divino". En todo caso —decía— se
trataría de un misticismo desordenado, en *état
sauvage*, en el sentido en que Paul Claudel definió la experiencia poética de Arthur Rimbaud.

Pienso, en primer lugar, que el exceso de sectas, pastores televisivos, gurúes y milagreros que
pululan en[el mercado de lo Absoluto no implica
una abundancia de vida religiosa sino lo contrario] Revelan una carencia, son el simulacro de
una vida que en realidad falta, y se quiere manipular esta noble angustia con sustitutos. El material que ellos manejan es tosco, de dudosa autenticidad y margina las riquezas teológicas y pedagógicas sedimentadas por una larga tradición.
Con fórmulas simples y mímicas excesivas se
procura sustituir una sabiduría purificada por los
siglos.[Una exterioridad ruidosa, que aprovecha
todas las técnicas del espectáculo masivo, termina ocupando el lugar de la experiencia interior y
el recogimiento]

[La droga también es un sustituto.]Sus devotos rinden culto a la violencia y se mueven en un mundo que la convirtió en ídolo. Droga y violencia se reciclan mutuamente. Mediante una agresión química venida del exterior se espera el despertar de una vivencia que sólo puede subir desde lo íntimo y al cabo de una ascesis. La droga con fines religiosos o estéticos reemplaza, en mi opinión, a la voluntad y suprime el noble esfuerzo de toda búsqueda. Expresa una parálisis de la mente y no su expansión.

Es de llorar que este juguete asesino circule en manos de adolescentes y que, en su momento, haya tenido profetas ingenuos que vincularon la droga con la religión y el arte. Acaso se recuerde que en la década del 60 Aldous Huxley en Inglaterra, Henri Michaux en Francia y Timothy Leary en USA, veían en la mescalina y el ácido lisérgico saludables estímulos para abrir "las puertas de la percepción". Un latigazo sobre el sistema nervioso central ayudaría a descorrer el velo de la conciencia ordinaria y descubriría la realidad de lo bello o lo sagrado.

Desdichadamente sólo quedaron abiertas las puertas de la degradación. Estimulados por una noble pesquisa metafísica pero a través de un sendero perezoso que no exige disciplina alguna, muchos jóvenes sufrieron lesiones cerebrales y terminaron en el idiotismo. Pero este sendero trazado para exquisitos permitió otras drogas más tóxicas, fue colonizado por traficantes, atrajo a niños y se fue ensanchando hasta pasar por las avenidas multitudinarias del rock, los altos decibeles y las luces que ciegan. Aquella intoxicación solitaria de la mescalina se convirtió luego en un ceremonial colectivo que remeda al arcaico rito dionisíaco. Pero entonces se invocaba a un Dios, ahora a una pizca de polvillo blanco —otra vez el sustituto— que nos mantenga despiertos hasta las primeras horas de la mañana. Es obvio que esa triste banalización nada tiene que ver con la inmediatez del éxtasis místico, la belleza alucinante de Rumi, la vía unitiva de San Juan de la Cruz y de Sri Aurobindo, los arrobos de Santa Teresa o la embriaguez de los derviches danzantes del sufismo.

La intoxicación mental gana terreno, pero lo sagrado está lejos de esa abundancia de sectas, milagreros, drogas y traficantes. Nadie imaginaba que aquellos inocentes profetas del 60, empeñados en abrir las puertas de la percepción, terminarían abriéndolas a una nueva casta de apóstoles: los ordenados magnates que explotan la desordenada complejidad de nuestro tiempo.

He hablado de las abundancias enfermizas de mi época, con figuras que recuerdan a los gordos personajes de Botero, el pintor colombiano. Pero sus perfiles satisfechos esconden una copiosa alimentación electrónica de aparatos, sectas, opulentos supermercados, drogas de la felicidad, bancos de datos, una pegajosa información que ya no buscamos sino que nos persigue como un perro molesto por toda la casa. Digo sustitutos, siliconas que reemplazan a la verdadera carnadura de la vida y lo disimulan a la perfección. He hablado de una civilización satisfecha de sus prodigios, pero también de su reverso, de los signos sombríos que esconde.

Nunca antes la historia ha mezclado las expectativas del Edén y del Infierno en proporciones tan extremas. Qué duda cabe: por un lado la "cultura del comentario" prolonga la irradación de la obra original, se abolieron las distancias, el planeta multiplicó los panes y los peces no con otros milagros que los de la simple industria de alimentos; la comunicación aproximó a los seres, el espectador recibe la noticia de un evento con una diligencia tal que casi lo convierte en actor; la democracia se consolida en el mundo, asistimos al culto de los derechos humanos y el progreso tecnológico nos pone en los umbrales del paraíso.

Pero simultáneamente y por otro lado se generaron, con el mismo vigor, las perspectivas opuestas. Se abolió la inmediatez de lo humano, reapareció la distancia entre los seres. El hombre está otra vez lejos de todo: de la obra original porque enfatiza el todopoder del comentarista cualquiera sea el nivel de su función; lejos del evento porque rápidamente es encubierto por la interpretación y la desinformación; del trabajo, porque esa modernidad que quiso facilitarlo, hoy lo arroja al desempleo. La abundancia de posibilidades permite a la criatura humana soñar con mil caminos para acceder al mundo, pero su imagen más frecuente es la de un ser sentado ante el televisor o transitando como un sonámbulo por un camino de sentido único. La multiplicación de las sectas lo aleja de la religión; al lado de la defensa de los derechos humanos estallan genocidios de crueldad inaudita. Se promueve una economía de abundancia pero su costo es un despilfarro cuya meta es otra vez la miseria.

Creo satánico el designio de una civilización que engendra lo contrario de lo que se propone, que está desorientada y no sabe elegir. Por esa razón sólo atina a *intensificar* las posibilidades del infierno y del paraíso, el mal y el bien, la caída y la salvación: todo al mismo tiempo. Como no elige, sólo sabe decir que *sí* a los términos opuestos y entonces la divisa es "todo está permitido". Es tan gozoso revolcarse en el lodo como vivir un acto de purificación. Enseguida surge un humanismo bobo que no agrega mucho: radicaliza la voluntad y repite que tanto el infierno como el paraíso están al alcance de la mano; o que no hay que creer en ellos porque paralizan la voluntad. ¿Hay entre estas propuestas alguna sensible diferencia?

Esa civilización moderna o postmoderna —tanto da— se lava las manos, no quiere decidirse ante valores y metas supremos porque los considera palabras vacías. Tampoco conoce palabras llenas y, entretanto, acrecienta la comunicación y la incomunicación, la abolición de las distancias y su restablecimiento, la producción de bienes y el despilfarro, la abundancia y la miseria: todo simultáneamente. Lo cierto es que esa civilización no tiene brújula, es un vértigo ciego que asiente a todo.

Deja en manos de un ser humano acosado, pasivo y perplejo, la decisión de elegir a solas, sin que su voluntad cuente con señales indicadoras: Dios, la naturaleza, la razón, la comunidad, el individuo. Ellos han callado o viven un eclipse. Las grandes metas han huido y la criatura humana está en medio de instrumentos, comentaristas, ventrílocuos, prótesis, canales televisivos, avenidas de la comunicación, semidioses del espectáculo, drogas místicas, entretenimientos, ruidos: *sustitutos.* La vida falta pero éstos se sienten todopoderosos, se perfeccionan, deslumbran, se multiplican y terminan sobreactuando para una audiencia dócil que ellos —los aparatos— perciben como autómatas, como espejos de sí mismos.

Algunos esperanzados consideran que esa comparsa de instrumentos y máscaras se convertirá, al cabo, en un aliado del ser humano. Es preciso confiar —dicen— en que esa comparsa traerá la vida porque es hoy su portadora imprescindible. Otros son pesimistas porque esos dueños de la actualidad imitan magistralmente a la vida, hacen copias perfectas, clonaciones exitosas y terminarán imponiendo la ilusión de que la han reemplazado, que la apariencia es la única realidad, la máscara el verdadero rostro.

*   *   *

[Es preciso elegir.] La vida es un caudal amenazado por sus sustitutos y por la vejez irrecuperable de éstos. Ya no sabemos dónde enterrar los cadáveres venenosos o radiactivos: si bajo tierra, en el fondo del mar, o lanzarlos con misiles al espacio sideral. ¿Habrá un lugar para la débil vida o seguiremos pensando con desaprensión que "sangre es lo que sobra"? Importa recobrar la inmediatez, la experiencia interna, el contacto directo, descubrir a ese abismal desconocido que es el ser que pasa a nuestro lado.

Qué duda cabe: es prodigiosa esa civilización que creó medios tan sutiles para que los hombres se comuniquen entre sí y exploren el universo. Pero hoy esos prodigios ya no deslumbran. Además carecen de dirección, sólo saben crecer y perfeccionarse indefinidamente; no se sabe cuáles son sus metas supremas. [Creo necesario elegir una dirección, imaginar un punto de arribo. [No sólo salir hacia el mundo sino sobre todo recibirlo en uno mismo; recibir al prójimo, incluso al enemigo en la vivencia inmediata, en la piel, en los ojos, en el cuerpo, el corazón, la mente, cara a cara.] Recibirlos con deliberada escasez de medios y bajando los decibeles para que a través del despojamiento y el silencio se sienta otra vez, de modo directo, la voz de Dios o de la verdad, el roce sublime de la belleza, la calma de una conducta santa, el misterioso llamado del héroe. Percibir estos encuentros de frente, sin mediadores, en el temblor ante una "zarza ardiente", es acrecentar el caudal de la vida. Es sentir —si en verdad vivimos un ciclo que toca a su fin— la alegría de los fundadores, el aire matinal de la desnuda experiencia que une el fin con el comienzo.

La memoria y el olvido:
caras actuales de la vida histórica

Es preciso elevar los niveles de la inmediatez en la vida cotidiana. ¿Hallaría este esfuerzo un aliado imprevisto en los trabajos de la memoria cultural que se llevan a cabo en nuestros días?

Hasta hace un par de décadas la palabra clave para ordenar los datos de nuestro tiempo era *futuro*. En esa perspectiva se alineaban las utopías, la fe en el progreso, el culto a la revolución, el diálogo de las culturas, las ideologías políticas, la creatividad tecnológica, el dominio de la naturaleza. [Tal futurismo propicio a la esperanza o la ilusión, quedó atrás. El tiempo cambió de dirección y se volvió hacia el pasado. Hoy la palabra de orden es *memoria*.] Hasta la física que se ocupa de la expansión del universo le obedece y se hace retrospectiva: pone el oído atento a los rumores que vienen del *big-bang*, el acontecimiento que le dio origen hace quince mil millones de años. También la cosmología voltea la mirada hacia el pasado cósmico y descubre, a través de la teoría de la formación del carbono, que las estrellas son los verdaderos antepasados de la vida. Por otra parte, la biología quiere develar los secretos de la herencia, viaja hacia atrás en el tiempo y penetra en esas minúsculas cuevas forjadas en los comienzos de la vida llamadas genes.

Tanto o más que la historia del hombre importa hoy su prehistoria: los instrumentos de análisis para entrar en ésta alcanzan un refinamiento inaudito. Podemos evocar las tribulaciones de especies desaparecidas hace millones de años con un realismo tal que la fantasía no necesita salir del ámbito severo de la ciencia. La imagen de la naturaleza como salvaje y como amenaza del hombre, es apenas un recuerdo melancólico. Hoy es una realidad débil e indefensa, su fauna y su flora son como niños enfermos necesitados de protección: sobreviven y se duplican por clonación genética. En ciertos casos hay ejemplares que se resisten a alimentar el orgullo de los cazadores: ellos mismos se suicidan. En suma, cuidamos la naturaleza, cuando no la destruimos o envenenamos, recordando sus pasados días de gloria.

El sentido histórico

La cultura contemporánea en las letras, el pensamiento, la ciencia, el arte y la religión, pareciera un vasto ejercicio de la memoria. No hay en el hombre una facultad más activa ni de mayor prestigio. El "sentido histórico", por ejemplo, ejerce un singular dominio en cualquier disciplina. Descubrir la génesis de un concepto, de un estilo arquitectónico, una creencia religiosa, una forma literaria, cubre un espacio de trabajo que muchas veces reemplaza al creador o hace de la filosofía, el arte, la religión y la literatura una reflexión sobre sí mismos.

Como nunca la novela ha sido invadida por el sentido histórico. *Narrar* equivale asiduamente a *evocar* el pasado. El poder de la invención es empleado para desentrañar enigmas de otras épocas. Piénsese en la frecuentación casi obsesiva que los novelistas iberoamericanos han hecho de personajes de la historia, sobre todo la figura fascinante de Cristóbal Colón. Confiando más en el aporte de la imaginación que de la compulsa documental, aquéllos contribuyeron a volver más enigmático el personaje al punto de convertirlo en el misterio mayor del pasado americano. Es cierto que esa frecuentación literaria es un aporte precioso que en Iberoamérica obedece a un imperativo de autoconocimiento; pero también responde a la dinámica global de una época que privilegia todos los trabajos de la memoria.

Los archivos secretos

Trabajos justificados por supuesto. No puedo sino celebrar el aumento de los estudios históricos, como ocurrió con la apertura de los Archivos Soviéticos decidida por el Parlamento ruso en 1991. A partir de esa fecha 78 millones de dossiers secretos vieron la luz del día y los historiadores se entregaron a una fiesta sin precedentes. De allí la continua edición de libros fruto del libre tránsito por un territorio hasta entonces prohibido. El trágico pasado soviético desata una euforia historiográfica que sobrepasa a la construcción del presente. La compulsa documental habla por sí misma y convierte en historiadores a los "amateurs" que por azar tocan esas amarillentas páginas de sangre y fuego.

En la mayoría de las ex repúblicas soviéticas, la historia es una pasión mayor: el pasado reciente se hace ahora aún más increíble. Léase *Le vrai Lénine* de Dimitri Volkogonov (Laffont, París) y se comprenderá la fascinación de frecuentar un ayer que hoy resucita con la pimienta de datos íntimos y una numerosa correspondencia. Lenin aparece, en la reconstrucción del historiador ruso, como el creador de los *gulags*, el teórico de la crueldad como refinado arte de gobierno, el obseso de un voluntarismo revolucionario responsable de la ejecución de más de un millón de personas acusadas de antisoviéticas. (Es cierto que esta cifra es modesta si se la compara con los crímenes de Stalin que se calculan en 14 millones.) ¿Bastarían estos redescubrimientos alucinantes —conocidos desde hace mucho en Occidente— para explicar el interés que en Rusia tienen los libros sobre la historia contemporánea?

Quizás esos libros permitan comprender la prolongación de aquella barbarie en el presente: la destrucción de Chechenia cuya capital, Grozny, es un montón de ruinas. Podría conjeturarse que Boris Yeltsin no hizo sino continuar las masacres llevadas a cabo contra los chechenos por el ejército zarista durante más de cuarenta años en el siglo pasado (entre 1817 y 1864) y luego, en este siglo, por Stalin al ordenar en 1944 la deportación de 800.000 chechenos hacia Kazakhstan. Se cuenta que 240.000 murieron en el camino. ¿Puede representar la destrucción reciente algo más que la pura y ciega continuidad del ayer?

La decadencia

Este cambio en la dirección del tiempo, este regreso poderoso a un pasado necesitado de memoria, alimentan en nuestros días el "discurso de la decadencia". Ese discurso —que yo no comparto— sostiene que el actual no es tiempo de pasiones revolucionarias ni de nuevas utopías. Dice que vivimos en un mundo empeñado en la conservación y el recuerdo, que hace de lo vivido y creado por el hombre en el pasado un objeto de culto, de veneración biográfica, de investigación. La cultura se alimentaría de sí misma, atacada de autofagia, por falta de fuerza innovadora o de fe en el futuro, esta vez imaginado apocalípticamente como una caída en la nada, en su fin. Tal visión funesta, difundida alegremente por todos los medios, estimula en nosotros la mentalidad-museo o el considerarnos herederos pasivos de una tradición que se derrocha inexorablemente.

El "discurso de la decadencia" habla además de un presente detenido en la repetición, en la atonía vital, el desgano, la huida hacia distracciones, hacia todo lo que sea espectáculo. Nuestro presente simularía entusiasmo por valores de moda promoviendo dos formas agónicas de la alegría: la inmersión en un magma multitudinario deportivo y sonoro, o en una soledad socorrida por las drogas del bienestar. Aquel discurso de la decadencia idealiza el pasado como refugio, como una heredad de cielo sereno y valores permanentes que el vendaval contemporáneo no llega a dispersar como hojas secas. El pasado es eterno, es el paradigma. Allí están sus símbolos extremos: los museos, las ruinas apacibles, las catedrales. Estas últimas son el eje de la ciudad europea: sus piedras intemporales atestiguarían un esplendor apenas reanimado por los turistas, esos creyentes lúdicos y distraídos.

El retorno de lo reprimido

En mi opinión, el "discurso de la decadencia" es errado porque está movido más por el miedo que por la esperanza. El énfasis que nuestro tiempo pone en la *memoria* no es pasatismo ni pura melancolía: tiene aportes genuinos. Contribuyó a reivindicar valores nacionales, etnias, comunidades religiosas, particularismos tradicionales que habían sido marginados por sociedades dominantes o mayoritarias; lenguas postergadas que hoy salen de una mudez impuesta; razas americanas sumidas en la pobreza que hoy reclaman un puesto autónomo. Es la larga columna de los excluidos que se mueve de la mano de la memoria. Kurdos en Turquía, chechenos en Rusia, bosnios en la ex Yugoslavia y serbios en Bosnia, hutus en Ruanda y tutsis en Burundi, palestinos en Israel, flamencos y valones en Bélgica, corsos en Francia, catalanes y vascos en la península ibérica. Presencias de la identidad regional, religiones arcaicas, multiculturalismo, sociedad plurirracial: hispanos, indios, afro e italoamericanos en los Estados Unidos, repúblicas asiáticas en la ex URSS, minorías islámicas en Europa. En fin, la tumultuosa explosión de las particularidades humanas.

Todo esto salta a la luz con gritos de legitimidad, abandona el gueto social y quiere transitar libremente bajo el sol. Tal es el espectáculo abigarrado de nuestro tiempo y reconozcamos que fue traído a la superficie por el ejercicio pertinaz de la memoria] Esa pasión por el pasado que domina en nuestro presente animó el conjunto de aquellas postergaciones con un toque de resurrección.

Tradicionalismo

[Esto también quiere decir que un inmenso tradicionalismo se despliega.] Se hace tradición de todo lo postergado —etnias, lenguas dialectales, minorías, culturas rezagadas— y una nueva fuerza recorre las arterias anémicas. Es el pasado que vuelve con reclamos justicieros y a menudo violentos.

Se diría que asistimos a una suerte de conservadorismo planetario, a una corrección de la frustrada pasión revolucionaria que abusó del futuro y nos intoxicó de utopías, sociedad marxista, violencia redentora, hombre nuevo, mañanas que cantan, paraísos tecnológicos, reino del hombre desalienado. Desenmascarado ese futuro como fuente de terror y miseria, es natural que la mente humana procure reivindicar todo lo que en el pasado quedó bajo esa lápida de sueños mentirosos. Se recuperan figuras nobles, se desempolvan los antiguos ropajes de una tradición interrumpida, se ejercitan músculos entumecidos y la vida recibe a protagonistas que habían quedado pasivos largo tiempo.

[Esta irrupción de lo reprimido históricamente es saludable.] La memoria es aliada de una vida que cobra mayor conciencia de lo creado por el hombre en el pasado: la cultura reexamina su trayectoria, los estudios históricos encuentran vetas inexploradas y nuevos llamados.[Este ejercicio de introspección quiere ser no un autismo decadente sino un punto de partida.]

Es preciso aquí la primera voz de alarma ante los excesos del sentido histórico: no siempre esta salud de la memoria alcanza a ser en nuestros días un punto de partida. Pocas veces viene acompañada de nuevas imágenes del futuro. Resucita eso que llamamos identidad, es decir, un pasado ennoblecido por la fisonomía estable que otorga una tradición. Esa identidad retorna con vigor pero no trae consigo el ímpetu de lo nuevo, de propuestas inéditas para una reorganización del cuerpo social. Ese retorno es sabio para la reivindicación particularista pero torpe para ensayar los pasos de una nueva convivencia. Pienso en la militancia civil violenta por las causas más diversas y legítimas, pienso en las guerras encubiertas y públicas dispersas por el planeta, en el reciente estallido entre

India y Paquistán: todos ellos están movidos por la disyunción más que por la conjunción. Es una provincia, una etnia, una parcela, una minoría sometida, un grupo político, una comunidad lingüística, un credo religioso los que buscan separarse del conjunto. [*Separación* pareciera ser la consigna de la hora.] Y los que se oponen a la separación también lo hacen con la fuerza, con la misma pasión retrospectiva. El pasado está vivo en ambos casos y es más fuerte que el futuro.

La vecindad de los contrarios

Otra voz de alarma: de la mano de la memoria vuelve lo bueno y lo malo. Reaparecen la esvástica hitleriana, el discurso xenófobo, fascistas en Italia, comunistas en Rusia, racistas en Serbia. Resurgen adeptos entusiastas de Marx y los teóricos de la sociedad cerrada; los viejos fanáticos de la ideología hoy reviven bajo el ropaje de los fundamentalistas de la religión. El terrorismo político que hizo del matar y morir una mística salvífica que tentó a muchos jóvenes, ahora confunde sus aguas con el renacimiento de sectas asesinas. Se conoce el papel saludable jugado antaño por grupos rebeldes y heterodoxos en la vida religiosa. Pero hoy esos grupos causan espanto: caen seducidos por la muerte —en su doble juego de asesinato y suicidio— y por gurúes siniestros que despiertan una obedencia absoluta. Recordemos el caso del suicidio colectivo de la secta del Templo Solar en Suiza, el de David Koresh en Waco, USA, abril de 1993 y el de Shoko Asahara, fundador de la secta Aoun en Japón. Esta última estaba dispuesta a difundir en Tokio y las grandes ciudades, no la prédica de la verdad sino un gas letal que apresuraría el fin del mundo y la resurrección de los justos. En suma, tanto el terrorismo político como el religioso invocan promesas antiguas sean milenaristas, cristianas, islámicas o budistas. Ambos son devotos del pasado y creen en el poder genesíaco de la muerte.

Con todos estos retornos que aquí he señalado, quiero decir que la memoria es también instrumento de un horror que hoy se acrecienta. Es preciso advertirlo a quienes celebran confiados su virtud bienhechora. La memoria también convoca demonios. [He aquí la constatación dolorosa: una injusticia inmensa vivida en el pasado no se atenúa con su evocación sistemática sino que, incluso, puede engendrar otra equivalente. Pienso en el nazismo. Con el *recuerdo* también despertamos el odio que una vez enloqueció a un pueblo y lo manchó de sangre inocente. Las imágenes horrendas que continuamente evocamos por todos los medios gráficos y televisivos llegan a cubrir de modo tan persistente todo el ángulo de la mirada, que en algún momento, inexplicablemente, se despierta un odio de otro signo. Se evoca la barbarie del nazismo para prevenir a las nuevas generaciones, pero de modo paralelo advertimos las muecas de su resurrección. Entonces nos miramos perplejos: ¿cómo es posible que mostrando los horrores del crimen mayor de la historia —ciudades arrasadas, las víctimas de los hornos crematorios, una locura que costó 60 millones de muertos— nos encontremos con que el demonio revive no sólo en Alemania? ¿En esta resurrección, no tenemos ninguna responsabilidad nosotros los denunciadores, nosotros los memoriosos?

No podemos olvidar la lección filosófica que emerge de la proximidad entre sí de los contrarios: se diría que un término es casi la continuidad del otro, y que los separa sólo una breve intensidad, un matiz, una línea divisoria apenas perceptible (aunque esa delgada línea encubra una distancia infinita). Un minuto de más otorgado a la descripción del mal y éste cobra nueva vida. Y también a la inversa: un milímetro de exceso en el elogio de una virtud y ésta ya prefigura a su contrario, el gesto asesino. ¿En qué punto detenernos? Tanto hemos mostrado, predicado, escrito y condenado ese crimen contra la humanidad que finalmente sus imágenes quedaron pegadas en las retinas y terminaron cobrando cuerpo en nuevos delincuentes. Nuestras denuncias terminaron preservándolo, la memoria lo volcó en el presente. ¿No nos hemos equivocado de pedagogía? [Quien camina al borde del abismo para no temer sus profundidades termina atraído por ellas.] Acaso dentro de este contexto habría que entender aquel pensamiento de Nietzsche en el *Zarathustra*: "Quien persigue, sigue".

Las viejas reyertas

La memoria vuelca en el presente las viejas reyertas. Serbios, bosnios y croatas hace poco se enredaron en una guerra que duró más de cuatro años. Inicialmente comprendimos el rechazo de una unidad nacional —la ex Yugoslavia— impuesta férreamente por un régimen a cuya cabeza se hallaba el mariscal Tito. Los deseos de legítima autonomía mezclaban motivos étnicos con religiosos. La memoria hizo su parte. Ayudó a destruir aquella unidad compulsiva de Tito y fue un ejercicio de liberación, pero también puso ácido sobre las viejas heridas. Ellas se abren nuevamente por el retorno del pasado: la premura por arreglar cuentas pendientes desde el siglo XIV donde serbios y musulmanes guerrearon salvajemente en Kosovo. Importantes ciudades de Bosnia y de la ex Yugoslavia están hoy en ruinas. Movidos por motivos lejanos y la voluntad de algunos fanáticos, los contendientes no comprenden las causas inmediatas del conflicto y combaten como autómatas: son los prisioneros de un pasado que vuelve al presente para cobrarse la revancha.

Locke versus Rousseau

Pienso en la experiencia norteamericana. Los Padres Fundadores echaron las bases de una sociedad democrática cuyo énfasis cae más sobre los derechos del *individuo* que sobre una *identidad colectiva*. Filosofía de la *parte* antes que del *todo* social, del hombre contra el Estado, de la voluntad particular más que de la *volonté générale*. Locke triunfó sobre Rousseau y Hegel. Esa tradición permitió a los Estados Unidos abrir sus puertas a conglomerados humanos heterogéneos que poblaron el territorio y lo convirtieron en una sociedad multicultural: irlandeses, hispánicos, afroamericanos, italoamericanos, asiáticos, indios. Cada uno de estos grupos tiene hoy sus bordes de identidad relativamente definidos y fuertes. O sea que aquella sociedad originariamente fundada sobre el *individuo* terminó ganada por la preeminencia de los rasgos comunes de cada uno de los distintos *grupos* humanos: nacionalidad de origen, etnia, religión, lengua, cultura. Esas colectividades intentan convivir pacíficamente entre sí pero preservando cada una de ellas el propio cuerpo comunitario.

Ocurre que el multiculturalismo no resultó ser el reino del individuo universal y *abierto* sino el de la diferencia entre colectividades *cerradas*. Se cierran sobre sí mismas, cultivan la identidad de origen o la adquirida, aspiran a la tolerancia mutua mucho más que a la integración. Subiendo de tono: hay quienes responden a una segregación social impuesta, con una segregación elegida voluntariamente como forma de orgullo y rebeldía. El film *Malcolm X* del cineasta norteamericano Spike Lee ofrece un testimonio en este sentido. Es el triunfo del *apartheid* en el seno de la democracia y en nombre de ella. (Véase sobre este tema el interesante libro de Richard Bernstein, *Dictatorship of the Virtue*, A. Knopf, N. York, 1995.)

¿Pero no es también el triunfo de una cierta dimensión regresiva de la memoria? Porque el proyecto individualista de los Padres Fundadores tendía hacia un futuro abierto al conjunto de los seres humanos, su sentido era individual y universalista. En cambio el proyecto multicultural está vuelto hacia el pasado, hacia formas colectivas gestadas bajo el imperativo de la piel, el sexo, la tradición del inmigrante, la religión, la nacionalidad, la lengua de los ancestros. Y esta fidelidad al pasado grupal estimula la exclusión en el presente y la falta de audacia para acometer proyectos integradores en el futuro.

El olvido

¿Frente a estos juegos erráticos de la memoria, no sería oportuno celebrar las virtudes del *olvido*? Si el pasado domina al presente y lo devora, si impone una justicia vengativa, si reabre heridas de hace siglos, si nos hace prisioneros de recuerdos que activan el odio, prisioneros del color de nuestra piel, de la ideología, de la militancia pasada, de la lengua que hablaron nuestros padres, ¿no resulta sensato pensar que ha sonado la hora del olvido y que sólo él puede desactivar una violencia que clama revancha, la culpa que exige castigo, y ponernos en disposición de mirar con otros ojos al hombre que nos causó sufrimiento? Porque el olvido no juzga, restaura la inocencia. Es decir, uno reconoce naturalmente que el enemigo es un ser humano, un potencial compañero, el punto de partida de una nueva alianza; no se pregunta qué hizo. Sólo pregunta qué quiere hacer en adelante, si será el interlocutor de un proyecto para colonizar otra vez el futuro. A través del olvido se abre paso la dimensión inédita del futuro.

Pienso que el olvido es un gran protagonista

histórico porque permite el reencuentro de los adversarios bajo una nueva luz. No se exige al otro que reconozca sus errores, que pida perdón —¿acaso se es Dios para otorgarlo? El olvido no pide cuentas, no pregunta si aquél fue el asesino; sólo quiere saber si sus manos están desarmadas y son aptas para levantar el nuevo edificio, si es capaz de ser solidario en la obra común. ¿Le negaremos esta posibilidad? Sólo el olvido de la culpa puede crear el clima necesario para otra aventura creadora.

Tres ejemplos

Nuestro tiempo conoce tres grandes experiencias históricas fundadas en la dinámica del olvido. La primera fue la caída del Muro de Berlín en 1989 y su continuidad en los restantes países del Este. El marxismo totalitario soviético se desintegró porque el olvido unió a víctimas y victimarios en un solo hartazgo ante tamaña pesadilla. Unos y otros decidieron olvidar el cobro de sus cuentas y eso salvó al país de un colapso mayor. Es cierto que el futuro vacila y aquel pasado de horror retorna: no se puede pensar otra cosa frente a la destrucción rusa de Chechenia y la magnitud de los problemas que golpean a ese gran país. La transición a la Perestroika de Gorbachov, su reemplazo por Boris Yeltsin y la disolución del Partido Comunista, se hiciera sin derramamiento de sangre.

La segunda experiencia bienhechora del olvido fue la de Sudáfrica. Nelson Mandela, dirigente indiscutido de la mayoría negra, pasó 27 años en prisión por decisión de un gobierno de la minoría blanca a cuya cabeza se halló, en un momento determinado, Frederic De Klerk. A partir de la fecha en que Mandela sale del encierro el 11 de febrero de 1990, se inicia un diálogo entre el perseguido y su perseguidor que culminó el 10 de mayo de 1994 en el mayor golpe asestado al régimen de la discriminación racial: Mandela es elegido presidente de la Nación y De Klerk su segundo. ¿Hubiera sido posible este resultado sin la intervención innovadora del olvido?

La tercera gran experiencia en el mismo sentido es la ofrecida por el conflicto entre Israel y la Organización para la Liberación de Palestina (OLP). Cualquier observador desprejuiciado puede advertir la legitimidad de las razones de ambas partes. Los israelíes remontan sus derechos al pasado bíblico y los palestinos a una presencia en el territorio de trece siglos. La OLP negó el asentamiento del nuevo Estado judío y se inició un conflicto que todavía sacude al Oriente Medio. En esta difícil circunstancia, dos dirigentes de excepción, Shimon Peres y Yasser Arafat, decidieron olvidar estas dos direcciones excluyentes de la memoria, y atreverse a lo inesperado y creador: las negociaciones de paz secretamente iniciadas en Oslo en 1992. El israelí olvida que su interlocutor es el responsable mayor del terrorismo, y el palestino olvida la afrenta de haber sido desalojado de una tierra que consideraba de los suyos. El israelí revisa la actitud de su país con respecto a los territorios ocupados, el palestino la prisa por constituir un Estado independiente. Las negociaciones culminaron en el memorable acuerdo de paz firmado en Washington el 13 de septiembre de 1993, su continuidad en El Cairo el 4 de mayo de 1994 y la Conferencia de Taba, Egipto, el 11 de agosto de 1995. A pesar de que hoy lamentablemente ese proceso se ha interrumpido, es preciso reconocer que tanto Shimon Peres como Yasser Arafat realizaron entonces una labor titánica porque debían, además, refrenar los mandatos de memorias excluyentes que tienen una referencia sagrada. A las inmensas dificultades reales se agregaban las producidas por memoriosos fanáticos dentro de las propias filas: los fundamentalistas.

¿Por qué tanto uno como otro dirigente tuvieron que enfrentar a estos aliados furiosos? Porque el fundamentalismo pretende haber ubicado, en el seno de la propia tradición religiosa, un punto privilegiado, un origen, un *fundamento* sagrado que se cultiva y exalta como único motor de la historia. Tal actitud que en su versión civilizada sería un aceptable tradicionalismo, se degrada porque ese imperativo del pasado se vuelve excluyente y absoluto. Entonces tiene la dureza de un puño, de un grito de guerra, es un furor ciego que identifica la fidelidad al origen con el puro rechazo del otro. El fundamentalismo es una memoria fragmentada que se imagina totalizadora, segura de sí misma y, en consecuencia, agresiva. Quien está convencido que la base última de toda gran religión es el amor al prójimo y al conjunto de las criaturas, inevitablemente concluye que el fundamentalismo es la negación del propio fundamento.

Creación y futuro

Por supuesto que estas tres grandes experiencias históricas no aseguran un resultado exitoso.

Las dificultades son inmensas, propias de una época de extrema fragilidad: el cristal más firme se fisura, un término fácilmente se convierte en su contrario. Pero son tres grandes experiencias de la voluntad de olvido aliada al esfuerzo por renovar la historia. En tales circunstancias se sabe que el pasado, con su carga de imperativos, es tan agobiante como la indefinición del futuro. Mas es preferible esta indefinición: es un desafío, la posibilidad de lo nuevo, el oscuro llamado para el inicio de otra obra o el cambio de un viejo contenido.

El olvido es la interrupción momentánea de la memoria para que también se configuren inéditas formas del recuerdo. Es el espacio impreciso entre pasado y presente, es el presente como vacío, hueco o pausa para que se prepare otro comienzo. O tal vez la distancia que uno toma ante la inmediatez de una actualidad excesiva: ella suele tirar arenilla sobre los ojos e impide ver. El olvido es una pausa para que la historia cobre respiro, se olvide de sí misma y de sus revanchas, se concentre en lo que vendrá y sea verdadero alumbramiento.

No desconozco que apenas se piensa en lo que vendrá, esa perspectiva del tiempo aparece también bloqueada por diagnósticos alarmistas: anuncios del fin del mundo y amenazas apocalípticas que se difunden por la TV como un entretenimiento más; el naufragio planetario de la super-población, el deterioro del tejido ecológico, la creciente contaminación nuclear que contó con nuevos aportes en la Polinesia francesa; las guerras inútiles dispersas por el globo; los cuatro jinetes mortíferos que las sociedades opulentas no pueden erradicar: el sida, la droga, el desempleo y las mafias todopoderosas que amenazan asfixiar al sistema financiero. Y por otro lado las formidables hambrunas vinculadas al genocidio y las matanzas mutuas de los países pobres... Es cierto que el horizonte está cubierto. Pero la posibilidad de su claridad también depende de la antorcha que las mujeres y los hombres llevan en sus manos. Y si los pronósticos pesimistas concluyen que un futuro más propicio ya no existe, nuestra respuesta no puede ser otra que la voluntad de tenerlo.

Memoria y utopía

Por supuesto, de ningún modo propongo una abolición de la memoria, ni que el olvido sea una forma de la amnesia. Esto sería una negación de la historia, un retorno traumático a la prehistoria, una decadencia violenta, el equivalente al accidente catastrófico de una conquista bárbara que en el pasado detuvo la evolución de un pueblo condenándolo por un tiempo a la mera supervivencia vegetativa. Menos aceptable es una amnesia histórica hecha en nombre de la vida, de la autonegación del yo por el deseo de sometimiento, de paraísos místicos prometidos por gurúes astutos. Pues una voluntad histórica que se vuelve contra sí misma huye hacia un primitivismo él mismo hijo de la historia. La voluntad de olvido es un descanso de la memoria, no su abolición. Una pausa, no la renuncia a la praxis ni al protagonismo.

Si el olvido es un recurso de la voluntad colectiva contra memorias fragmentadas que se cobran revancha, un paso más nos llevaría hacia una magna experiencia todavía inédita: la de la *memoria total*. Es decir, no la que elige un fragmento del pasado para convertirlo en motor de una tradición viva, sino la que elige el pasado del hombre en la totalidad sinfónica de su hazaña. Desde sus comienzos cósmicos, desde aquellos elementos que en el corazón de las estrellas prepararon la eclosión de la vida, desde las primeras chispas de amor surgidas entre los ancestros prehumanos, hasta la creación de los instrumentos y la diversidad de las culturas. Todas éstas culminando en altas y sutiles floraciones del saber y la belleza, todas testimonios de la identidad múltiple de lo universal humano. Esta acumulación de la *memoria total* proyectaría una nueva luz sobre la desnudez de esa criatura prodigiosa que es una y la misma bajo cualquier cielo.

A partir de esa *memoria de la unidad* totalizadora de lo humano en el pasado, también hallaremos las bases sólidas de un reencuentro con el empeño de tener futuro. Sólo así se abriría, presumo, un espacio para la utopía. Quien tuvo el sentido de esta relación entre la unidad del pasado y la del futuro fue Martin Buber, una de las figuras mayores de nuestro siglo. "La esperanza primordial de toda la historia —escribió— se endereza a una auténtica comunidad del género humano" (*Caminos de utopía*). Esta fórmula de Buber es inaudita. No puedo dejar de pensar que en un mundo fratricida como el nuestro, la confianza en una futura "comunidad del género humano" sea pura ilusión, escándalo y locura. Pero si somos capaces de dejar la violencia a un lado, ésa es la única utopía en la que es bueno seguir creyendo con todas las fuerzas del corazón.

Globalización y multiculturalismo

La esperanza de Buber en una "auténtica comunidad del género humano" es una utopía que muchos ven prefigurada en las mejores promesas de la globalización. ¿Esto es así? ¿Tiene este fenómeno económico una vocación planetaria compatible con el ideal de Buber?

Otro fenómeno, imbuido también de una tendencia globalizante, es el que advertimos en el auge de la democracia en el plano de la política internacional. La democracia ha dejado de ser la ideología de una clase para instalarse como un sistema de validez universal.

A través de estos dos grandes fenómenos —el de la globalización y la democracia—, pareciera que la economía y la política tienden a una "auténtica comunidad del género humano". ¿Es así?

En el próximo capítulo intentaré reflexionar sobre la universalidad de la democracia, pero en éste quisiera preguntarme si las promesas de la globalización son reales o ficticias. No es extraño si ella brinda elementos para fabricar un discurso ambiguo: esto suele ocurrir cuando uno enfrenta cualquiera de los grandes eventos de nuestra época —la caída del comunismo, el auge electrónico de la comunicación, la inteligencia artificial, las audacias de la ingeniería genética, la explosión de los fundamentalismos y de las sectas religiosas, la evolución del capitalismo, entre otros; sobre cada uno de estos eventos se puede elaborar pronósticos opuestos, tanto paradisíacos como apocalípticos y con argumentos muy sólidos. Digo esto no en virtud de que falten refinados instrumentos conceptuales para captar los movimientos de la vida histórica sino porque, como pocas veces, esa vida hoy ofrece con la misma vivacidad su cara y contracara, y se ha vuelto inestable, errática, carente de dirección.

Pues bien, entre esos eventos prisioneros de una doble verdad, se halla el de la globalización. La teoría sobre este tema es torrencial en los últimos dos años, y no estoy seguro de que resulte eficaz para corregir y reconducir su praxis en lo económico y político. Adelanto esta inquietud por una razón más bien filosófica: hasta hace poco nos inclinábamos a pensar que la teoría precedía a la praxis histórica. Ortega y Gasset decía que la Revolución Francesa se había realizado en la mente de los Enciclopedistas antes de salir a las calles.

[En la actualidad pareciera acontecer lo contrario: se da el hecho histórico en bruto y luego aparece su teorización] La influencia de esta última es tardía y escasa. El hecho histórico da un salto inesperado y las hipótesis y pronósticos se deshacen como un castillo de naipes. Estas cartas caídas acaso sirvan para alimentar el material de comentaristas profesionales, pero no de protagonistas. Cuidado: esto también puede ocurrir con las reflexiones sobre la globalización. Antes de que tal perspectiva se concrete, deseo adelantar mis propias hipótesis aun convencido de que ellas tendrán corta vida.

[Yo diría, para comenzar, que la globalización es deudora de un fenómeno tecnológico previo que se dio en llamar la "abolición de la distancia"] La revolución producida por las técnicas de la comunicación, desde la cibernética a la computación, la telemática, el Internet, los bancos de datos y la realidad virtual, terminó aboliendo no sólo la distancia *espacial* sino también el *tiempo*. Esta supresión implicó, en ambos, el vaciamiento de todo contenido concreto.

Se despoja al espacio de cualidades, accidentes, rasgos peculiares, distancias; y al tiempo, de las tres dimensiones del flujo de la conciencia: pasado, presente y futuro. Ambos dejan de ser modos de percibir la diversidad del mundo, que viene a ser reemplazada por el reino de lo homogéneo y simultáneo. La consecuencia es un milagro sólo reservado a los Dioses: el ser humano puede estar al mismo tiempo en todas partes y mantener con sus interlocutores un diálogo abierto en direcciones infinitas. Es omnipresente. Podemos pensar esta condición privilegiada de dos maneras: que el ser humano se instala en el mundo porque es su patria verdadera o que, por el contrario, es un sin-patria en el mundo.

Esta antinomia resume la grandeza y la miseria de la globalización. El ser que está en todas partes y hace del planeta su morada ¿pertenece a alguna parcela terrestre que sienta como un hogar intransferible? ¿Es la perspectiva global el comienzo de un arraigo inédito y bienhechor o, por el contrario, la forma más desoladora del desarraigo? ¿Necesitará el ser humano vivir esta experiencia del desarraigo para acceder a una genuina inserción planetaria, o es el comienzo de una orfandad irremediable?

Aun barajando estas conjeturas, es imposible desconocer las conquistas de la globalización. Por obra de la comunicación electrónica se logró una notable aproximación entre pueblos, entre individuos e instituciones. Desde las centrales de la política, la administración y la gestoría de los intereses patrimoniales pueden decidirse el movimiento de los capitales, la producción industrial y el intercambio de bienes en las más diversas regiones del mundo. Los catálogos de la Biblioteca Nacional de Francia en París se imprimen en Manila; en Bruselas (Unión Europea) se negocia la suerte del vino español, las manzanas francesas y las carnes argentinas. Surgen organismos que regulan el comercio mundial y el propósito confeso es equilibrar las oportunidades de países desarrollados y emergentes. Nace un "capitalismo electrónico" que tiene alas y se detiene

un instante donde resulta necesario y lucrativo.]
[La globalización promueve una sensibilidad abierta a lo lejano y despierta una confianza en algo que antaño sólo se depositaba en valores absolutos: la universalidad.]

Lo que acabo de decir sería el discurso de la versión angélica. Los que no concuerdan con él y prefieren atribuir a la globalización cierto satanismo, señalan sus peligros. Advierten que el milagro de la comunicación y de la ubicuidad simultánea no es sinónimo de inmediatez vivencial. La uniformidad global no significa universalismo, ni la instantaneidad de los contactos múltiples con el mundo equivale a una apertura planetaria. La "abolición de la distancia" —agregan— no implica cercanía verdadera, tampoco la abundancia de información nos pone en los umbrales del conocimiento. Las inversiones transnacionales, aunque basadas en los principios de una economía liberal, no suponen el estímulo de la iniciativa privada ni el surgimiento de nuevos pioneros.

A propósito de esto último: observadores sagaces no influidos por una ideología adversa, llaman la atención sobre el hecho de que la decadencia de la economía en algunos países está ligada al reemplazo del *entrepreneur* por el *gestionnaire*. El ejecutivo, el gestor, el gerente, el administrativo vendrían a ocupar los espacios del empresario, del pionero, duchos en aliar sobre el terreno que pisaban la audacia con la imaginación. (*Le talent qui dort* de Patrick Fauconnier, Du Seuil, Paris, 1996.)

En cuanto al nomadismo aéreo del "capitalismo electrónico" es cierto que vuela a gran altura en un mundo que suprimió las distancias. Pero no siempre acepta su necesaria condición de semilla que se hunde en una tierra concreta, levanta paredes, fábricas, viviendas, confronta voluntades, concilia intereses en pugna y se somete al ritmo de toda maduración. La eventual omnipresencia de la globalización no debe ser un modo de olvido de la circunstancia inmediata, la cercanía vital del ser de carne y hueso. ¿No corre el riesgo de ser un olvido del globo también, dado que toda despreocupación por el contorno termina siéndolo de lo lejano?

Pese a estas dos caras de la globalización, un hecho resulta irreversible: que ya estamos instalados en ella y es el horizonte de nuestro tiempo.

Aunque se impongan reformas parciales o totales, todo indica que ellas deberán hacerse desde dentro y no desde un exterior revolucionario, un utopismo ideológico o el modelo pasatista y nostálgico de una sociedad cerrada. No puede desconocerse ya el vínculo de la globalización con las dos hazañas mayores de nuestra época: la *democracia liberal* y la *sociedad abierta*. Ella es deudora, por un lado, de la competencia y la libre confrontación entre protagonistas legítimos en el orden de las ideas, intereses, doctrinas, gustos estéticos, ideales, bienes y valores; por otro lado, de un tipo de apertura al exterior que hiciera posible la entrada del mundo en la propia casa.

A partir de esta doble conquista, resulta imperioso pensar en un nuevo modo de preservar las *identidades nacionales* en el ámbito de la globalización. Afirmar la comarca, el terruño, la región, la nación en suma, no debe llevar al cierre, la exclusión, la xenofobia, la discriminación y el resentimiento. Un país que progresa necesariamente se abre al mundo, pero también importa no perderse en él. Es conveniente definir modos de autopreservación de un núcleo comunitario: el *nosotros* de un pueblo no debe ser arrasado por un tornado globalizante que poco tiene que ver con la fuerza de un genuino universalismo cultural.

Es preciso cuidar que la entrada del mundo en la propia casa se haga por circulación espontánea. Y si está guiada por un ánimo de dominación, tener la voluntad de enfrentarlo. Porque es posible que un globalismo sospechoso aparezca escudándose en la propuesta de un universalismo cultural. Quiero decir: que se presente como una *ideología* (entendiendo este término como el modo de enmascarar los intereses "particulares" bajo la forma de intereses "generales" de la humanidad). Tal artilugio aparece cuando países de gran poder expansivo imponen marcas culturales en el mundo entero, y consideran que el mundo las exige porque en ellas se siente expresado. En tal caso la globalización contribuye a la uniformidad y tiende a frustrar su promesa más legítima: el *multiculturalismo*.

El multiculturalismo es la base de un intercambio entre culturas diferentes y entre contenidos múltiples dentro de cada una de ellas. Se trata de una magna experiencia creadora que tiene lugar en nuestros días, aunque lamentablemente en vaso cerrado. La globalización económica y política puede extenderla a escala planetaria.

Me refiero a esa experiencia según la cual contenidos científicos, filosóficos, literarios, estéticos y religiosos pertenecientes a civilizaciones distintas, no entran en colisión entre sí sino que se integran en un casi formidable *mestizaje cultural* como pocas veces antes conoció la humanidad: se aproximan los pueblos entre sí, pero también las creaciones de la mente humana.

No es extraño que a la biología molecular se acerquen devotos de religiones distintas y que, en tal aproximación, se vean fortalecidos en sus creencias. La física cuántica frecuenta el lenguaje de la mística y muchos cosmólogos escudriñan el espacio estelar casi como un acto de introspección: esperan que las respuestas venidas del cosmos también digan algo sobre los espacios interiores de la naturaleza humana. Por otra parte, las técnicas literarias invaden el campo de la historiografía; la razón dialoga con mitos arcaicos, y el arte no sólo es un éxtasis estético sino una forma de conocimiento. Las ortodoxias, habitualmente rígidas, conviven con las heterodoxias y articulan el lenguaje de la tolerancia y el reconocimiento del otro. No es extraño que algunos autores islámicos, aterrados por la cerrazón fundamentalista, salten el cerco de la propia lengua y se expresen en lenguas europeas, y las fecunden con contenidos y sonoridades nuevos.

Son muchos los ejemplos que pueden darse del notable experimento multicultural de nuestros días: coexistencia de lo diverso, mutua fecundación, armonía de los contrarios. Lo mismo se advierte en filosofía. En el pasado reciente, un avance de la ciencia significaba un distanciamiento de la filosofía y de la religión. Hoy son numerosos los campos en los que se asoman juntos al misterio, aunque sin entremezclar sus métodos ni sus lenguajes: ADN, big-bang, entropía, inteligencia artificial, neutrino, estructuras disipativas, principio antrópico, principios de complementación e incertidumbre...

El gran aporte de la globalización, si no queda apresada en las trampas de la ideología, es justamente este multiculturalismo que echa las bases de la *identidad plural* de una civilización. Es decir, el juego de culturas que miran hacia las ajenas como complementarias, como la prolongación de sí mismas, con la esperanza de enriquecerse incorporando contenidos que se tuvieron como heterogéneos, extraños u hostiles. La dinámica secreta de la civilización actual tiende a hallar caminos de salida hacia *el otro*, sin temer al mestizaje ni a la armonía de los contrarios.

De allí que la pregunta por la propia identidad vuelva a plantearse en países de larga maduración histórica y definida tradición. Esto mismo sorprendió al profesor Samuel Huntington en las jornadas de ABRA en 1996. "Por todas partes —dijo entonces— los pueblos y las naciones están intentando responder a la pregunta 'quienes somos'... Sabemos quiénes somos solamente cuando sabemos quiénes no somos, contra quiénes estamos". De allí concluye el profesor de Harvard, que nuestro tiempo es el del "choque de civilizaciones". (*El choque de las civilizaciones como conflicto central del siglo XXI*, disertación publicada por ABRA, Bs. As., 1996.)

Huntington señala que es abrumador el número de países que se plantea la pregunta "¿quiénes somos?". Me sorprende que la hagan pueblos que gozan de una identidad relativamente estable y que, frente a una crisis, más bien suelen preguntarse "qué hacer". La pregunta "¿quiénes somos?" no es nueva para nosotros, iberoamericanos: la estuvimos haciendo desde los días de la Independencia.

Pero si hoy muchos pueblos reeditan la introspección iberoamericana, es porque desde hace 50 años los países más desarrollados de Europa, Asia y América —de identidades relativamente definidas—, recibieron contingentes humanos de raza, religión, educación y costumbres muy diferentes a las dominantes en las tierras de asilo. Generaciones de inmigrantes habitaron en un suelo extraño, allí nacieron sus hijos, y vivieron un proceso de arraigo irregular y confuso. A ellos se agregaron, luego, las oleadas de refugiados atraídas por un clima de libertad, trabajo y buen nivel de vida. Todos juntos gravitaron en la identidad nativa, distorsionaron su fisonomía tradicional, y la pregunta "¿quiénes somos?" se planteó de modo acuciante.

También esta pregunta reaparece hoy por razones que hacen a la vida intrínseca de algunos pueblos. Ellos asisten a la liberación, dentro de las propias fronteras, de etnias y tradiciones culturales largo tiempo reprimidas por la unidad imperiosa del Estado-nación. En tal coyuntura, la globalización se presenta como un llamado cultural en favor de esta resurrección de lo que quedó traumáticamente detenido o bloqueado en un rincón del pasado. Renacen dialectos, etnias, tradiciones, regionalismos y prácticas religiosas, que alguna vez tuvieron vigencia pero que luego quedaron asordinados bajo el manto de la unidad nacional, imperial, o el hegemonismo de una cultura sobre otra. Las minorías se movilizan y desatan una voz enmudecida. Toda esta vida se revuelve dentro de la propia identidad y entonces, ante ese activo caleidoscopio interno, estalla la pregunta "¿quiénes somos?". ¿Cuál de estos múltiples yoes define el ser de un país o de una cultura?

Si se pudiera dar una respuesta desde la perspectiva de la globalización sería: *todos*. Ningún contenido de valor debiera quedar excluido. La respuesta de Huntington es que sólo lo sabremos cuando podamos definir "contra quiénes estamos"; de allí que nuestro tiempo y el ya inminente siglo XXI sean de "choque de las civilizaciones".

En este último aspecto es obvio que no concuerde con el profesor de Harvard. Más bien pienso lo contrario. Creo que sólo sabremos lo que somos cuando tengamos en claro *en favor de quié-*

nes estamos. Digo, cuando sepamos cuáles son esos múltiples yoes que nos constituyen y se agitan en la propia civilización y también en la ajena. Esos múltiples yoes pueden subir a la superficie por obra y milagro de la globalización, dado que ésta no tiene nada intrínseco contra la coexistencia planetaria de lo diverso. Su aspiración, todavía incumplida, es la universalidad. Aquellos inicios tecnológicos que vaciaron al espacio y al tiempo de contenidos, en favor de lo homogéneo, quedaron atrás.

Hoy la globalización alimentaría una promesa mayor. Las lejanías espaciales y las diversidades temporales fueron, en su momento, abolidas para que la magia de la comunicación diera un paso más y distinto: la posibilidad de que la propia identidad —individual, regional o nacional— integre una identidad plural mucho más vasta, una verdadera mundialización. Aquellos países que se preguntan "¿quiénes somos?" ojalá integren en sí a sus excluidos, discriminados y marginados, como versiones nuevas del propio yo. Que esa ciencia, hasta hace poco todopoderosa en su soledad, integre en su seno a las añejas sabidurías filosóficas y religiosas. Que las tecnologías mágicas que han abolido las distancias, sean empleadas para restaurar la *inmediatez vivencial de lo humano*, hoy amenazada por la abundancia de sustitutos.

No es el "choque de las civilizaciones" el lenguaje que debiera frecuentar la globalización. Nada de empeñarnos en saber *contra* quiénes estamos. Sólo sabremos lo que somos cuando habiendo tendido un arco de solidaridad con la última criatura de la Tierra —distante, diferente, hostil—, la hayamos incorporado a nuestro ser. A una sabiduría de la disyunción es preferible la de la conjunción, la de una complementación entre civilizaciones distintas. Este proceso ya está en marcha. Se lo puede percibir en arte, ciencia, filosofía, música, moda, hábitos alimentarios, política, economía, organismos no gubernamentales, acuerdos comerciales, turismo, inversiones, en todas las formas de vida que se abren al otro, a lo distante, a lo planetario.

En muchos aspectos la globalización dio a ese proceso un empuje poderoso. Acaso pueda acercar aún más la vida histórica a las puertas de lo universal humano. Siempre que no ceda a su tentación demoníaca: la de convertirse en la ideología de una cierta voluntad de dominio.

Democracia: delicado equilibrio y universalidad

¿Está también la democracia a las puertas de lo universal humano, participa de las mejores promesas de la globalización? ¿Se abrirá paso en los países ex comunistas, encontrará arraigo en los pueblos islámicos, se consolidará definitivamente en nuestro país, en Iberoamérica?

La democracia es el menos malo de los sistemas de gobierno (Churchill), pero también el más difícil porque exige un delicado equilibrio entre términos opuestos. Trata de satisfacer la voluntad de las mayorías sin sacrificar las minorías, de propiciar la igualdad sin desdeñar las diferencias, de hacer un lugar a la sociedad civil sin devaluar el rol del Estado, de preservar los derechos del individuo sin descuidar el interés general. Promueve una refinada mecánica electoral cuidando que no se enfríe el entusiasmo democrático ni su sentido de la vida; procura que los intereses privados interactúen con los públicos sin tensión, rupturas o caídas en la corrupción.

Este delicado equilibrio, esta difícil vigilia ciudadana amenazan producir fatiga, incertidumbre, decepción. Se reclama del electorado un comportamiento prudente y sujeto a normas, respeto por el prójimo, un estado de derecho, incesante información, una libertad irrestricta pero con conciencia de sus límites, una audacia que no caiga en excesos, sabiduría en la elección de los representantes pero también severo control de sus movimientos. Como es el régimen de la iniciativa privada, el ciudadano deberá velar por su propio progreso sin descuidar la suerte de los excluidos.

Además exige una *educación permanente:* un aprendizaje que se inicia en la temprana infancia y sólo se detiene el último día. En suma, al ciudadano modesto se le pide virtud, educación y esfuerzo; se le impone un estrés para exquisitos.

A través de la sutileza de sus procedimientos y el justificado progreso de los derechos individuales, la democracia se hace cada día más compleja para el ciudadano común. Es difícil ser demócrata. Se le exige un alto nivel de razonabilidad en un mundo ganado por los estímulos irracionales de la pasión, la propaganda, el deporte y la imagen televisiva; ganado también por el miedo al desempleo, la enfermedad y la cercanía del excluido que se vive como una advertencia; una sociedad donde crece el hedonismo individualista, el culto del espectáculo, la explosión multitudinaria y las variadas formas de una cultura sensorial y activista.

Todo esto hace de la democracia un lujo político, una prueba costosa que despierta temor y fatiga en el ciudadano común. Por sus exigencias, ella puede llegar a ser una enemiga de sí misma y ceder a la tentación de uno u otro extremo: el *autoritarismo* o la *indiferencia*. En el primer caso se anhela un gobierno fuerte que nos libere del peso de la responsabilidad; en el segundo, la democracia se vuelve un hábito sin vida, una rutina que se confunde con lo sobreentendido y la indiferencia.

El autoritarismo es frecuente en América Latina por su tradición caudillesca, la sucesión de golpes militares y la debilidad de sus instituciones civiles. No es raro que el ciudadano viva la democracia preso de una doble angustia: la de una causa que acaba de conquistar o que está a punto de perder. Pero es justo reconocer que durante la última década de vida política latinoamericana esa inestabilidad disminuyó sensiblemente.

Si bien la tentación latinoamericana es el autoritarismo, la europea es la indiferencia. Es decir, se asume la democracia como una conquista segura, una segunda naturaleza, un hábito cuyo contenido no necesita ser explícito. Esto arriesga hacer de ella una causa que ya no mueve a multitudes por exceso de asimilación; los recintos parlamentarios se vuelven foros de negociación donde los intereses sectoriales reemplazan a la confrontación de ideas.

Tales son los riesgos que corre la democracia en nuestros días: la recaída en el autoritarismo o en la indiferencia. Un estado de alerta ante cada uno de ellos podrá ayudar a encender la pasión política, animar parlamentos vacíos, dar vida al sentimiento de religación colectiva, limitar el avance de un individualismo que disgrega no sólo a la sociedad civil sino también al Estado.

✳   ✳   ✳

Con todo es preciso reconocer que a pesar de estos riesgos y del severo reclamo de racionalidad, moderación y respeto del otro que implica el ejercicio de la democracia, el ciudadano común la acepta y se somete voluntariamente a la dura opción. Esta notable constatación fue acentuándose en las últimas décadas. Piénsese en el caso de América Latina. Luego de largos períodos de turbulencia autoritaria terminó consolidando, casi en su totalidad, una estable experiencia democrática. Brasil, Chile, El Salvador, Haití, Nicaragua, Paraguay, Perú, Uruguay y la Argentina accedieron a la democracia y, a través de ella, a ciertos niveles de crecimiento económico. De las trabas impuestas por un Estado despótico, los ciudadanos pasaron al ejercicio de una autonomía política aceptable con regulaciones del mercado más flexibles.

En momentos del pasado el latinoamericano medio pensaba que el liberalismo económico no necesitaba ir acompañado del liberalismo político, pero la historia demostró lo contrario. El progreso en la producción y la distribución de bienes necesita de la democracia y ésa fue una lección rotunda para países como Chile, Perú y la Argentina, que sólo a través del libre juego de las instituciones de una sociedad abierta, alcanzaron tasas de crecimiento anteriormente desconocidas. Y lo mismo podría decirse de la mayoría de los países restantes del subcontinente americano.

El testimonio más sensible de la historia latinoamericana en la última década es el reconocimiento de que la democracia no necesita ser interrumpida o reemplazada por un régimen de fuerza ante la aparición de problemas graves como la miseria, el narcotráfico, la corrupción o el terrorismo. La experiencia demostró que ella es el único camino para el hallazgo de soluciones adecuadas y duraderas. El mesianismo autoritario pareciera hoy en franca retirada.

En Europa la democracia manifiesta su vitalidad aunque, como lo di a entender antes, escasamente figure entre los valores con vigencia en la pedagogía social o la difusión mediática de nuestros días: hasta tal punto se la considera una conquista definitiva e inamovible. Aun las monarquías de mayor prestigio y ascendencia popular destacan su subordinación al sistema democrático. Un sistema que se acepta y olvida como quien olvida el valor del aire que respira. No se lo cuestiona, pero tampoco está presente entre las causas que lanzan multitudes a las calles, como el desempleo, la exclusión, la discriminación, la crisis del sistema educativo, la seguridad social, la corrupción, los desequilibrios económicos entre los países de la Unión Europea. Pero si estas causas salen a la luz, todos saben que es gracias a que la democracia está viva en Europa: es el fundamento invisible que lo sostiene todo, es el "vacío" activo que hace posible el movimiento de la rueda (Lao-Tse).

También está viva la democracia en los países del Este ex comunista. Pero allí es un proyecto empecinado, una esperanza, una obra en construcción, un desafío. Es cierto que de ella se espera un rendimiento extremo: que se alíe a la prosperidad, a la liberación de fuerzas económicas que ensanchen el mercado, que traiga inversiones extranjeras, contemporice con rémoras dejadas por el sistema anterior, corrija los defectos de la práctica democrática evidenciados en otras partes del mundo, y que finalmente sea fiel a la propia identidad nacional, a tradiciones forjadas por etnias milenarias. Esta alucinante mixtura de lo viejo y lo nuevo en los países que sufrieron el comunismo, tiene hoy lugar en el seno del experimento democrático.

En los países del sudeste asiático también se percibe su cosecha. Hizo su entrada después de regímenes despóticos, y hoy moviliza la espontaneidad política, genera niveles de prosperidad y producción que a veces superan los cánones occidentales.

Estas reflexiones quieren señalar que con la excepción de países de África y del mundo islámico, la democracia ganó un lugar seguro en el mundo. Es la experiencia más original de la historia contemporánea: un caso de globalización política pocas veces alcanzado antes por la humanidad. Esto se hizo simbólicamente claro a partir de la caída del Muro de Berlín en 1989 y el colapso integral del comunismo. La democracia dejó de tener una ideología opositora que pudiera aparecer como una alternativa. Más aún, dejó de ser una ideología, para presentarse como una verdad de validez general.

Tanto como este hecho importa destacar otra consecuencia notable. Por su exigente nivel de razonabilidad, respeto del otro y moderación, el demócrata es un producto social de excepción: es un elitista que juega en el seno de las instituciones democráticas para preservar la pureza de éstas y su mejor destino. Con frecuencia integra un reducido grupo de ciudadanos que percibe que es preciso luchar por el "gobierno del pueblo" contra el asedio de la demagogia, la manipulación y el populismo. Esta vigilia selectiva de muchos demócratas sinceros llevó a ese pesimismo político que sólo valoriza a la democracia cuando se trata de una experiencia en vaso cerrado, de reducida representación, durante cierto tiempo y sólo en condiciones propicias. Los fundadores griegos la consideraron factible sólo en Atenas y asumida por la clase de los nobles. La república renacentista tuvo limitaciones de sangre y rango social; la norteamericana se ciñó a los propietarios de raza blanca; el Estado-nación del siglo XIX ensayó variados filtros de representatividad antes de reconocer el marco igualador de los partidos políticos. La sociedad "sin clases", en nuestro siglo, asfixió a la democracia hasta su autodestrucción. Su mentira mayor: invocó la apertura sin límites a "lo popular" para bloquear el ejercicio del poder en manos de una elite exclusiva.

* * *

Sólo en nuestro tiempo la democracia se abrió hacia adentro y hacia afuera. Incluyó a la mujer, igualó etnias distintas, clases sociales, minorías postergadas, superó barreras religiosas, desniveles de fortuna y de educación. Se difundió en países muy diferentes entre sí. Ella se reconoce imperfecta y acepta su reforma o su reemplazo en caso de que otros modelos sean probados como mejores. Aun siendo inicialmente un oficio difícil, que pocos pueden realizar en plenitud, ella se convirtió con el tiempo en el ideal del hombre común porque es la que mejor expresa su ser profundo. [La democracia ha demostrado ser un valor universal.]

¿Por qué es un valor universal si existen culturas, religiones, razas, naciones, clases sociales diferentes, y cada una de ellas constituye una identidad con derecho propio, una particularidad irrenunciable? ¿Por qué esta primacía de lo universal sobre lo particular? Para algunos el imperativo categórico de la democracia podría ser entendido como una interferencia exterior, una forma de la alienación que atenta contra una identidad nacional o religiosa cuyos principios no comulgarían con el igualitarismo democrático ni con su laicismo intrínseco.

Sin embargo la democracia es superior a la dictadura del proletariado, a la teocracia, el gobierno de los ayatollah, la monarquía absoluta o el presidente vitalicio. Sencillamente porque al haber superado las exclusiones internas y el privilegio de las corporaciones, al haber ensanchado el espectro de la representatividad individual, la democracia se convirtió en el ideal del hombre común, en la expresión de aquello que identifica al ser humano "genérico", es decir, al habitante de cualquier lugar de la Tierra: la libertad.

[La libertad es la experiencia constitutiva de lo humano "genérico", es el primer acto de lo universal válido para cualquier espacio y tiempo. Es el valor que funda a los restantes valores como la justicia, la verdad, la belleza, lo sagrado.] Ninguno de éstos tiene sentido si previamente no se reconoce al ser humano la posibilidad de una elección adversa. Es certera la sabiduría bíblica cuando señala que se puso en manos de la criatura el arbitrio de elegir la salvación o la condenación y que aun contra ese arbitrio nada puede la voluntad del Creador. La libertad es el espacio ante el cual Dios se detiene porque es allí donde el ser humano se crea a sí mismo. Es el acto fundante por excelencia y en la democracia halla una expresión suprema. Como la libertad es creadora, la democracia le da un terreno real para que su aventura sea algo más que una tentativa solitaria. La democracia rescata a la libertad de la ficción solipsista y le otorga el marco del otro, de los otros, para que su proyección individual adquiera una plenitud colectiva.

Si la condición de demócrata es un oficio difícil, como dijimos al comienzo, es porque la libertad es para el ser humano difícil. Más fácil resulta renunciar a los imperativos de autocreación constante, abandonar el dominio de sí y el respeto por el otro, ceder a la docilidad y el menor esfuerzo. Y sin embargo, que el sistema de "gobierno del pueblo" coincida con la más alta afirmación de los derechos del individuo, y que al mismo tiempo se difunda por el planeta como un *valor universal* que atraviesa el particularismo de culturas, religiones, tradiciones o simples prejuicios y gana consensos, todo esto no deja de ser un sustancial sostén de la esperanza.

Sobre todo cuando la civilización contemporánea muestra signos que empujan en una dirección opuesta: los fanatismos violentos; el hedonismo que hace de la complacencia del yo un olvido del otro; una definición de la libertad que la identifica con el estallido del caos y no con el orden interior; una voluntad tecnoindustrial que se burla de la naturaleza; cierta seducción televisiva o informática que devora la realidad y la reemplaza por la representación. Estos nuevos jinetes del Apocalipsis crecieron en la democracia y pueden pisotearlo todo a su paso. Sólo la democracia tiene la fuerza suficiente para detenerlos.

Mayo francés del 68:
Treinta años después

No es difícil reconocer a la democracia un valor de alcance universal, válido para todos. Es la sola terapia adecuada a los males que ella misma engendra. Sin embargo siempre estuvo sometida a un doble ataque. De aquellos que la rechazan porque allí encuentran un igualitarismo plebeyo y mercantil negador de una visión jerárquica de la sociedad fundada en la tradición, la riqueza o la voluntad de dominio; o bien el ataque de quienes son sus fanáticos que la quieren "real" y perfecta, más adaptada al ritmo de la impaciencia humana.

Entre estos últimos se agruparían los estudiantes y obreros que en la Francia de 1968 ganaron las calles con la idea de la *Revolución*. Me interesa examinar, en perspectiva, aquel hecho singular: sus consecuencias fueron revolucionarias justamente porque no tuvo lugar una revolución. La mayoría de las revoluciones, desde la Francesa hasta las del siglo último, fueron genocidas. El movimiento de Mayo del 68 no lo fue. Hay muchos motivos para pensar que las revoluciones que tienen propuestas audaces, *pero que no se concretan* como "toma del Poder", son las fecundas.

I. ¿Por qué la evocación de los eventos de Mayo de 1968 fue recientemente tan intensa en Francia? Han transcurrido treinta años y la celebración aún crece con vivacidad. Publicaciones como *Le nouvel Observateur*, *Le Monde* y *Libération*, entre otras, le dedicaron fascículos especiales. Los artículos fueron abundantes y también los libros. El suplemento literario de *Le Monde* enumeró 16 libros publicados sobre Mayo-68. Un historiador de la calidad de Jean-Pierre Le Goff acaba de consagrarle un libro monumental *Mai-68: l'héritage impossible* (La Découverte, Paris). Daniel Cohn-Bendit, moderado parlamentario europeo y ya quincuagenario —aunque preserve una mirada juvenil díscola y festiva—, participó en reportajes y presentaciones de textos. Aquellos que saben comparar la temperatura de las celebraciones en décadas distintas, afirman que la actual fue mayor que las que tuvieron lugar en las dos décadas anteriores.

II. Pienso en varias hipótesis para explicar la pregunta inicial. La primera es que con el paso del tiempo se descubre en el Mayo francés una mayor riqueza, inesperada, que desvela. Algunos críticos ya señalaron una desproporción: el evento fue históricamente breve pero la literatura a que dio lugar, desmesurada y no de la mejor calidad. "Mayo-68 —escribió Pierre Lepape— produjo muchos libros pero muy pocos de literatura: algunos poemas, algunos grafitis bienvenidos, dos o tres *slogans* astutos: eso fue casi todo. Nada de una gran obra. Como si la imaginación no se hubiera recuperado de haber reclamado el poder. Como si el acontecimiento hubiera sido demasiado ruidoso como para volcarse en el silencio de una escritura" (*Le Monde*, 2 de mayo, 1998). Aunque valga la pena tener en cuenta el comentario de Lepape, creo que no se puede negar a Mayo-68, por sus consecuencias,

el carácter de poderoso fermento de innovación
cultural.

III. Otra hipótesis sobre la celebración de
Mayo-68 señalaría la voluntad de integrarlo en
una tradición ideológica opuesta. Es la que con-
sideraría que el individualismo anárquico de
aquel evento continúa en el individualismo liberal de nuestros días. Habría entre ambos una relación de vasos comunicantes. El filósofo francés Gilles Lipovetsky transita este camino. Considera que no hay que separar la trayectoria del
Mayo parisino, de la situación de la economía
francesa en aquel momento. "Mayo-68 —afirma
Lipovetsky— registró, de una cierta manera, el
nuevo espíritu del capitalismo: el que estaba pro-
movido por la publicidad, el marketing, los medios, la sociedad del placer que comenzó en Francia en los alrededores del 60. Una dinámica se
había creado. El retroceso del autoritarismo y
de la rigidez de las costumbres era ineluctable.
Yo pienso que Mayo-68 amplió y aceleró este
fenómeno considerablemente"(*Le Nouvel Observateur*, 23-29 abril 1998). Si estas reflexiones son
válidas permitirán conjeturar que el hedonismo

consumista de las sociedades abiertas de nuestros días, tiene un estrecho parentesco con el estallido juvenil y antiburgués del 68. ¡Ironías de la historia!

IV. Tampoco hay que desdeñar las hipótesis psicológicas que conciernen a una dinámica generacional. Aquellos jóvenes protagonistas hoy frecuentan la cincuentena: una generación aún en plena vigencia. Muchos de ellos reviven hazañas realizadas en la juventud y la asumen orgullosamente, aunque no compartan los ideales de entonces. Fueron actores de una "historia grande" que ya no mantiene ese mismo carácter en el presente. Mayo del 68 los convierte en *nostálgicos activos*. Durante la evocación ellos salen de las sombras o del conformismo, se actualizan los días de gloria: la realidad pobre y opaca de la rutina cotidiana se reanima con la riqueza virtual de una promesa, de lo que fue una formidable expectativa histórica. Cuarenta días de revuelta juvenil van revelando, al cabo de tres décadas, el significado de una epopeya nacional. ¡Pero cuidado! Si los hoy quincuagenarios del 68 están imbuidos de una gloria retrospectiva, no ocurre lo mismo con los veinteañeros actuales, quienes permanecen indiferentes o al margen de la celebración. Desde esta perspectiva Mayo-68 sería una bandera de adultos más que de jóvenes estudiantes y sindicalistas. Dentro de este cuadro también es preciso incluir a aquellos intelectuales y políticos maduros que se angustian por el presente panorama de una juventud sin utopías. Proponen la medicina del 68: "re-crear" la tradición de una revuelta festiva en un mundo gris y escéptico donde las revoluciones las hacen menos los reformadores sociales que las máquinas y los medicamentos.

V. El origen del estallido de Nanterre fue la polémica sobre las relaciones sexuales entre estudiantes. A pesar de este detonante ocasional, la rebelión estudiantil tuvo un carácter político desde los comienzos. Tuvo toda la fuerza y la irradiación espontánea de una revolución política que, finalmente, no llegó a concretarse. Pero lo notable es que sus consecuencias no se proyectaron en el campo de la *política* sino de la *cultura*. El cambio histórico se produjo en este último campo. Durante aquellas contadas semanas decisivas

se definió una visión del mundo con fermentos
renovadores, se expresaron ideas y sentimientos
que sacudieron los hábitos mentales de aquella
época y que aún continúan en la nuestra. Fue un
hecho histórico "en bruto" con escasos elementos ideológicos y filosóficos que pudieran prepa-
rarlo. Sus autores eran izquierdistas, maoístas,
comunistas, anarquistas, es cierto. Pero no había
una teoría detrás: se mencionó a Marx pero sin
tomarlo en serio. Cuando se considera, en cambio, la Revolución Francesa, es frecuente pensar
que detrás, originándola, estaba la labor de los
Enciclopedistas, el racionalismo de la Ilustración.
Nada parecido en Mayo del 68: fue una *irrupción* histórica, una praxis cuya teoría vino después y de allí la magnitud de sus consecuencias.

VI. Pero antes de que aparecieran los símbolos culturales, Mayo del 68 tuvo una cadena de
hechos de franca significación política. Recuérdese que hubo un acuerdo obrero-estudiantil,
una intensa gimnasia callejera, manifestaciones,
construcción de barricadas, enfrentamientos con
la policía, que culminaron en la parálisis del país.
Desconcertaron hasta tal punto al gobierno que

103

el general De Gaulle se trasladó a Baden-Baden para transmitir su perplejidad al jefe de las fuerzas francesas de ocupación. El vacío de poder se había producido: hasta ese momento Mayo-68 vivió una dinámica fundamentalmente política de neto corte izquierdista. Pero lo notable es que el movimiento eligió una dirección propia: superó los cálculos y estrategias de los activistas de la izquierda organizada. En el diálogo que tuvieron Daniel Cohn-Bendit y Jean-Paul Sartre, el primero destacó el carácter *espontaneísta* de la movilización colectiva tanto a nivel estudiantil como sindical, y en ese carácter hizo radicar su fuerza expansiva. En efecto, atrás quedaron los cálculos revolucionarios del trotskismo, del maoísmo de la *gauche prolétarienne* y, sobre todo, del Partido Comunista. Se piensa que el gran derrotado en Mayo-68 fue el Partido Comunista y que allí comenzó su decadencia ideológica y política en Francia.

VII. Con todo sería un error considerar que, a pesar de esta incidencia, las metas de Mayo-68 hayan sido políticas. Es cierto, hubo una huelga general que paralizó el país y generó un vacío de po-

der: situación revolucionaria ideal en el plano político. Imagínense lo que hubiera hecho un Lenin
en parejas circunstancias. Sin embargo no hubo
"toma del Poder" ni la intención de hacerlo. En
ningún momento se avanzó sobre el Élysée (sede
presidencial), ni sobre Matignon (Primer Minis-
tro), ni la Asamblea Nacional. La única toma importante, además de las dependencias y patios de
la Sorbona fue el teatro Odeón. Y se avanzó sobre
el Odeón con la consigna siguiente: "Cuando la
Asamblea deviene un teatro burgués, todos los tea-
tros burgueses deben convertirse en Asambleas
Nacionales". Las acciones políticas de los protagonistas del 68 más bien revelan un desdén por la
política: más que el Poder les interesa la Imaginación. Tal vez sea cierto lo que escribió hace poco
uno de sus actores más comprometidos: "Nosotros teníamos demasiado el sentimiento de tener el
poder como para pensar en conquistarlo" (Bernard
Guetta, *Nouvel Observateur*, 23-29 abril 1998). No
hubo toma del Poder porque la política no era el
campo de la verdadera transformación. Véase si no
la rapidez con que terminó todo: De Gaulle regre-
só de Baden-Baden, pronunció su discurso, se hizo
la movilización gaullista que reunió 400.000 personas en los Campos Elíseos, en pocos días con-

cluyó la huelga general, los obreros vuelven al trabajo, y los estudiantes ayudan a limpiar la Sorbona. Los ocupantes del Odeón, último bastión "revolucionario", lo abandonan en orden y sin resistencia. También se esfuma el proyecto político de Mitterrand que, ante el vacío de poder, propiciaba la formación de un gobierno provisional. Todo terminó casi de golpe, como un sueño, un éxtasis, una borrachera.

VIII. En cuanto a los valores culturales de mayor arraigo que promovió Mayo-68 se podría señalar los siguientes: una resistencia al principio de autoridad ya sea paterna, tradicional o institucional, y cuyo símbolo encarnado era el general De Gaulle. Se valoriza además la *libertad* entendida como movimiento de una *espontaneidad* vital y como *insurrección* contra toda forma de opresión. Y esto se reivindica dentro de una atmósfera de *placer* y *alegría* que encuentra su signo propicio en Dionisos más que en Prometeo. No un sentido trágico de la vida; más bien un sentimiento celebratorio, fraternal, colectivo, orgiástico. La filosofía de Mayo-68 no opta por la violencia como "partera de la historia" (Marx), a pesar de los duros encuentros con la policía. De los Marx prefiere a Groucho. No se inclina por una estrategia de guerra civil aun contando con su predilección por las manifestaciones callejeras y las barricadas. Pero su violencia dista mucho de la "toma del Poder" al estilo toma de la Bastilla (1789) o Palacio de Invierno (1917). Frecuentó sí un tono de insolencia juvenilista, provocadora, ante un mundo que consideraba viejo pero sin querer derrumbarlo porque ya lo creía en ruinas.

IX. Mayo-68 no sólo cuestionó el principio de autoridad, sino también las tradicionales ideas de progreso, trabajo y lucha. Es preciso tener en cuenta que los jóvenes del 68 son hijos de aquellos franceses que vivieron la guerra, la ocupación y luego llevaron a cabo la ardua reconstrucción física, económica y social del país. Algunos creen ver en esta "rebelión contra el padre" de Mayo del 68 una suerte de *ingratitud histórica*, y que el rechazo de De Gaulle pesa sobre sus autores como una condena. No sé si se puede suscribir esta reserva. Es posible que haya habido ingratitud e irresponsabilidad. Pero ¿qué acto juvenil no arriesga serlo? ¿Qué acto de ruptura no pareciera confundirse con la deslealtad y el egoísmo? Toda historia humana dista de ser unidimensional. Es cierto: aquellos jóvenes se rebelaron en el seno de una sociedad democrática, con una economía en expansión, dinámica y de pleno empleo. Lo recordó recientemente Jean Daniel: el estallido se produjo en una de las épocas más prósperas de la sociedad francesa (*Le N. Obs.*, número facsímil de Mayo 68). Pero también es cierto que la prosperidad económica no impide los estallidos sociales ni las revoluciones; a veces los favorece. Recuérdese que la Revolución Rusa de 1917 necesitó transitar veinte años para alcanzar el nivel productivo del punto de partida. Volvamos al Mayo francés: aquella circunstancia favorable permitió a los *enfants gâtés* pensar en términos menos austeros que sus padres. Exaltaron el gozo, el amor y la fraternidad. Valorizaron más la espontaneidad que la norma, el ahora más que el futuro, lo imposible más que lo posible (*soyez réalistes demandez l'impossible*). Un viento de primavera entró no sólo en Francia sino en toda esa Europa invernal que había trabajado duro para salir de la destrucción y la escasez producidas por la guerra contra Hitler. Una vez alcanzada la reconstrucción surgieron los reclamos de Mayo-68:

una filosofía vital ligada a la espontaneidad y la alegría. Menos trágica que lúdica.

X. Es difícil aceptar que sólo se trató de una explosión primaveral de la juventud, de un "estado de ánimo de descarga", o de una "saturnal" pasajera como afirmara André Malraux, bastante fastidiado en su momento. Hubo algo más, una serie de consecuencias perdurables que empezaron a cobrar perfil una vez que la revuelta dejó de ser callejera. Es Mayo del 68 trascendiendo al evento y a sus actores, actuando como dinámica liberadora en el interior de una cultura. Llamó la atención sobre los derechos de la mujer y sobre la ecología como protección de la naturaleza; pidió respeto por la identidad de los homosexuales; habló de los derechos del niño y de los excluidos sociales por motivos de raza, pobreza o religión. Aproximó la política a la cultura. Fue el primer gran rechazo juvenil del comunismo desde posiciones de izquierda, un rechazo que lo aisló del amparo humanista y dejó al desnudo su esencia totalitaria. Mayo-68 estimuló un fecundo debate intelectual, movilizó a figuras como

Foucault, Castoriadis, Clavel, Althusser, Lefort, Jankelevich. Foucault libra una batalla en favor del derecho de los enfermos mentales a una cura que suprima el encierro. Deleuze y Guattari adelantan una visión del inconsciente menos sometida al corsé racionalista; Wilhelm Reich incursiona en los terrenos de la antipsiquiatría. Dentro de esta atmósfera hacen su entrada los "nouveaux philosophes". La palabra *liberación* es el santo y seña. Sobre todo de la enseñanza: se la quiere menos sometida al canon burgués que reclama conocimientos útiles. Y finalmente afirmación del individuo como ser único, de carne y hueso, irrepetible, frente a la hegemonía del Estado y la vigencia de lo colectivo. Por supuesto: el énfasis puesto en estos valores no impidió a Mayo-68 caer en los excesos del nihilismo.

XI. Al cabo de la lectura de una serie de documentos sobre el Mayo francés, uno se pregunta por su influencia en el exterior y por la extraña magia de ese año de 1968 que en el resto del mundo supo albergar episodios de similar gravitación y significado. Porque ese mismo año estalló la "Primavera de Praga", un acto de rebelión juvenil en favor de la autonomía nacional y contra el avance represor de los tanques soviéticos. En México hubo revueltas estudiantiles, al estilo de las movilizaciones parisinas, que fueron cruentamente reprimidas en la Plaza de las Tres Culturas. En Polonia se ponía en marcha la hazaña liberadora del movimiento sindical *Solidarnosc* con Lech Walesa a la cabeza. En Moscú estudiantes y científicos empezaban a rodear a Andrei Sakharov para dar forma a la notable acción de los disidentes. En Estados Unidos se repiten las marchas pacifistas de estudiantes, hippies y militantes no-violentos que gravitan en las negociaciones con Vietnam. En la Argentina estalló el "cordobazo", en 1969, una versión vernácula de la alianza obrero-estudiantil del Mayo francés en sus aspectos más violentos. La pregunta se difunde: ¿fue todo esto un contagio, a nivel mundial, del Mayo francés o pura simultaneidad espontánea?

XII. No creo en la influencia del Mayo-68 francés como *causa* de rebeliones similares en el exterior. Puede hablarse de influencias mutuas, de vasos comunicantes. Creo más bien en la existencia de un *clima histórico*, relativamente homogéneo en cuanto a valores, ideas y circunstancias propicias, y que los alemanes llaman *Zeitgeist* (espíritu del tiempo). Con esta fórmula definen la presencia de hechos similares en espacios distintos. El testimonio de un *Zeitgeist* dominante en el pasado lo hemos vivido en la simultaneidad de las Independencias hispanoamericanas alrededor de 1810. Y más recientemente en 1989 con la caída del Muro de Berlín: síntoma visible de un vasto fenómeno de colapso del comunismo con rasgos similares en diversos países. Volviendo al año insólito de 1968: sorprende el parentesco de los hechos que hemos señalado en cuanto al espíritu. Pero ellos difieren sólo en relación con un eje central: la violencia. La rechazaron el Mayo francés, la Primavera de Praga, los hippies y pacifistas americanos, Solidarnosc de Polonia y la disidencia soviética. Ninguno de esos movimientos asumió la violencia como "partera de la historia". En cambio en Alemania, Italia y América Latina, la mayoría de los movimientos juveniles optaron por la violencia guerrillera o terrorista. Hoy, al cabo de treinta años podemos evaluar los resultados: los que no adoptaron la violencia tuvieron algún éxito o, por lo menos, no lucharon en vano. Los

que transitaron la vía terrorista o guerrillera su-
cumbieron, sin gloria, en una matanza inútil.

XIII. Treinta años después de Mayo del 68
no percibo nada parecido a la euforia esperanzada de sus protagonistas. Aunque puedo equivo-
carme, no sólo por desconocimiento, sino también porque la historia contemporánea es de difícil lectura: tiene sacudones bruscos que dejan
perplejos a los más avisados. Imagino que hoy
cunde un ánimo escéptico y gris que, entre otras
razones, no sabe cómo revivir las ilusiones
hedonistas de los crédulos del 68 por un lado; ni
cómo desprenderse de las utopías asesinas de los
violentos de entonces, por otro. A aquellos jóvenes díscolos, la policía los llamaba de "extrema izquierda". Hoy sabemos por testimonios de
su prefecto, Maurice Grimaud, que entonces ac-
tuó con indulgencia y de acuerdo con el gobierno. Ese hombre experimentado acaso ya sabía
que con el paso de los años aquellos jóvenes en-
trarían en el sistema: en el periodismo, la uni-
versidad, el gobierno, la literatura, la ciencia, la
administración pública. Al igual que ese joven
activista apodado "Dany el rojo", hoy decidido

113

defensor del "euro" la nueva moneda codiciada por los adeptos a la economía de mercado. Cualquiera sea la opinión que merezca nuestro parlamentario, sí importa saber que aquellos jóvenes que "entraron" en el sistema hicieron bien: dispersaron una semilla que vigorizó lo mejor de la cultura francesa de los últimos tiempos. Convirtieron el rojo —o el negro— de la extrema izquierda en el "rosa pálido" de la convivencia democrática, la confrontación de las ideas, la aceptación del adversario y no su aniquilamiento.

XIV. Hoy el panorama francés es distinto. Frente a los éxitos políticos del rosa pálido socialista y liberal se yergue, no obstante, la tentación del rojo vivo, la aparición de una "izquierda de la izquierda", extrema otra vez, movilizada por la indignación y en defensa de los excluidos, los sin-techo, los indocumentados, los sin-empleo. Nuevamente levantan el puño en alto y creen en la acción directa. No creen en los políticos ni en las centrales sindicales tradicionales. Son grupúsculos que reunidos hacen el 5% del electorado. ¿Pero son necesarios más para desencadenar una tormenta? No cuentan con una organización pero sí con un *maître à penser*, un líder intelectual, Pierre Bourdieu, sociólogo del College de France. No es joven, tiene 68 años, pero está rodeado de jóvenes. Aquel muchacho de 23 años que sublevó Nanterre, lo hizo con un discurso contra la represión sexual. Hoy nuestro académico clama contra la cultura mediática y quiere arrasar con la Bastilla neoliberal causante de la miseria en el mundo.

XV. ¿Generarían Bourdieu y sus discípulos un movimiento innovador, en el que se perciba la sensibilidad universalista de Francia, como el que aconteció hace treinta años? Instalado en las márgenes más intransigentes de la izquierda, de espaldas a sus grandes corporaciones sindicales y políticas ¿sabrá ese activo grupúsculo rojo desplazarse hacia el centro de la arena? ¿Sabrá desencadenar, como los activistas del 68, un vendaval por todo el país sacudiendo calles, obreros, poderes públicos, instituciones y continuar luego de su acotamiento una sobrevida como fermento en la conciencia cultural de una época? La propuesta es noble pero el panorama histórico ha cambiado. Entonces había juventud y ánimo festivo, hoy pobreza, desplazados y cólera. Entonces se marchaba a la protesta con un emblema —liberación— que recuerda al éxtasis, hoy la meta de nuestros rebeldes es enfrentar el infierno terrestre de la *exclusión,* resistir la fatalidad de la miseria. Entonces se trataba de salir del "sistema" para abolirlo, hoy se trata de entrar en él para abrir un espacio de convivencia humana. Dos épocas, dos proyectos. El sociólogo justiciero tiene todo el derecho de ser leal al suyo porque vive en una sociedad democrática. Sólo es deseable que no busque la asistencia de la "partera de la historia": ella produjo mucha sangre pero pocos nacimientos.

XVI. Una cosa es cierta: en el horizonte actual no se perfilan el "hombre nuevo" ni los "mañanas que cantan" de las utopías sociales. Más bien imagino a un náufrago a la deriva, un ser humano acosado por la necesidad de preservar la especie y el planeta, perplejo ante contradicciones que lastiman: una miseria que crece en medio de la abundancia, una ignorancia salvaje que se expande al mismo ritmo que el crecimiento de la información. Ese ser comprende que hay que saber vivir y resistir en presencia de lo irremediable: me refiero a la enfermedad, la injusticia, el sufrimiento, el mal y la muerte. La pobre criatura humana no tiene descanso en esta vigilia sin término. A ratos le resultan sedantes los cantos de Orfeo y la danza de Dionisos, pero su lucha sigue siendo la de Prometeo.

XVII. Prometeo no canta ni danza, es el rebelde que se resiste en el desvelo por la raza humana. Luego de la fiesta del 68, incorporada su música a algunas napas de la cultura a lo largo de los últimos treinta años, ella falta no obstante en la superficie de nuestro tiempo. De que esa música ha callado da testimonio la multiplicación de sus comediantes e imitadores. El mercado se apropió de sus ritmos: quiere decir que el gozo de la creación ha concluido y vino el simulacro del gozo, su fabricación. Por eso pienso en Prometeo, el héroe encadenado, que sufre y se rebela: el responsable. ¿Serán nuestros jóvenes, los del 99, capaces de vivir —o crear— utopías, imágenes de la esperanza social, que acepten esta presencia de heridas que nunca cierran —el mal, el sufrimiento, la injusticia, la muerte— y hallen el modo de conocerlos a fondo, ponerlos de su lado o resistirlos? ¿Podrán nuestros jóvenes aceptar lo irremediable sin envenenar las fuentes de la alegría ni la grandeza de la aventura humana?

XVIII. Me detengo en una forma de lo irremediable: el mal. Hannah Arendt habló de la "banalidad del mal" a propósito del totalitarismo, fenómeno que ella examinó como una forma desnuda del mal absoluto. Su discurso fue ambiguo pero en ambos aspectos tenía razón. Señaló su "banalización" en una época dispuesta a minimizarlo con reducciones complacientes; pero también señaló que el mal decepciona porque su naturaleza es la banalidad, la insignificancia, el sin sentido: su inmensidad monstruosa es vacía, no despierta el respeto que merece lo verdaderamente grande aunque su signo sea adverso. Si sobrecoge es sólo por su poder destructor insensato y gratuito. Sabemos que a través del tiempo el mal tuvo muchas caras, aunque pocas veces se mostró sin mezclas o máscaras: esto sí ocurrió con el totalitarismo según el notable estudio de Hannah Arendt.

* * *

XIX. Me pregunto cuál sería en nuestro tiempo una expresión equivalente de la "banalidad del mal". Hoy en día me viene a la mente, una y otra vez, la palabra *gigantismo*. Ella unificaría síntomas de alta gravitación histórica que pueden enumerarse así: 1) Colosal crecimiento de un poder anónimo a través de una dinámica de concentración económica y política; 2) Grupos financieros que se fusionan para cubrir dimensiones planetarias; 3) Culturas que silencian sus preciosas diferencias en favor de una audiencia homogénea preparada para consumir el mismo producto en cualquier parte del mundo; 4) Filmes, libros, obras de arte y espectáculos que se sienten frustrados si el número de espectadores o lectores no se multiplica por cientos de millones, si las lenguas a que deben ser dobladas o traducidas no incluyen los casi 190 países de la comunidad internacional; 5) Fabulosa eclosión de sustitutos e instrumentos técnicos creados para estimular la vida pero que, finalmente, la sustituyen generando una red de apariencias que se superponen a la realidad y la encubren.

* * *

XX. Ernest Jünger decía que vivimos en un tiempo de titanes, no de dioses. Confieso que este gigantismo, esta obsesión planetaria del neotitanismo actual, con frecuencia nos seduce y deja atónitos. Porque de jóvenes aprendimos que el contexto de la creación verdadera no era la aldea, ni la nación, ni el ámbito de la propia lengua, sino la *amplitud del mundo*, y que éste era la figura concreta de la universalidad. Hoy estamos instalados en el mundo, ¿pero también en la universalidad en su sentido verdadero: unidad de lo diverso? Creo que hemos unificado el mundo pero sacrificado lo diverso. Lo hemos unificado a través de la igualación, la homogeneidad, la supresión de las diferencias, la repetición. ¿No es un símbolo el hecho de que una conquista resonante de la actualidad sea la *clonación*, es decir, la repetición indefinida de una misma figura? Conjeturo que en esta tentación de una universalidad falseada por el gigantismo, por el titanismo planetario, acaso Arendt hallaría nuevos rastros de la "banalidad del mal". Porque hay países poderosos que dan lástima, formidables proezas tecnológicas no hacen sino agrandar la tontería humana. Primerísimos dignatarios aparecen sometidos a humillaciones que apenas aceptaría un modesto aldeano. Grandes conjuntos —en los que convergen el interés, la acción y la inteligencia— están puestos en la costosa tarea banal de reemplazar la vida por su simulacro, la realidad por su apariencia, el conocimiento por la información, la vivencia inmediata por el sustituto, el amor por su representación, el cuerpo por el multiuso del aprovechamiento exhibicionista, el acto creador por una combinatoria exitosa de los reclamos del día. En todos estos hechos vemos al mismo personaje: el gigantismo de un Goliat contemporáneo manipulador y cosmopolita. ¡Enorme desgaste de energías humanas por una desmesura hueca desprovista de verdadera grandeza! Acaso sea un error creer en su permanencia. Y si se abriera camino la convicción de que esa desmesura no durará largo tiempo, la pregunta clave sería la siguiente: ¿en qué parte y bajo qué signos se prepara la honda de David? Y si la era de los titanes concluye un día, ¿significa esto que le sucederá la de los dioses?

La técnica y el hombre

En el capítulo anterior me referí al gigantismo económico contemporáneo. A pesar de su amplitud sería un error identificarlo con la expansión actual de la técnica, pese a que ambos fenómenos estén relacionados. No faltan aquellos que considerando a esta última el fundamento cultural del Goliat económico de nuestros días, propician una terapia arcaizante, una resistencia desesperada: un retorno al mito de los orígenes, al culto nostálgico de una naturaleza virginal y paradisíaca antes de haber sido invadida por la tecno-historia. Este ecologismo extremo se alía, a veces, con la defensa de una vieja tradición humanística cuyos valores estarían amenazados por un saber instrumental que enfatiza la eficacia sobre el puro conocimiento.

Por el contrario, otros consideran a la técnica como la vía más segura del mejoramiento humano. Una de sus conquistas espectaculares, de gran significación cultural, sería la extensión de la Red informática permitiendo el acceso a un mar de conocimientos ilimitado. Esta perspectiva desplazaría contenidos humanísticos caídos en desuso, y configuraría nuevas formas de racionalidad más adecuadas a nuestro tiempo.

Ni lo uno ni lo otro. El saber técnico y el saber humanístico difieren en sus metas, en sus modos de asumir el ejercicio de la razón, de enfrentar la realidad. Por un lado tenemos un conjunto de operaciones que producen objetos y transforman la realidad material; por otro, procedimientos mentales que crean el espacio común de las letras, el arte, la historia, la filosofía. Esta diferencia entre el mundo de los instrumentos y el de las humanidades fue interpretada como el trazado inevitable que separa dos territorios de difícil aproximación. El técnico ganado por la embriaguez de sus triunfos, sería indiferente al llamado del humanista; éste con frecuencia se hallaría a la defensiva en una ciudadela que cada vez tiene menos defensores. En muchas actividades el humanista se sentiría desplazado por el técnico. ¿Pero es esto verdaderamente así? ¿El mundo de la técnica y el de la cultura se hallan en ruptura? ¿El prodigioso avance de la técnica implica un retraso de lo estrictamente humano, de esos valores que tradicionalmente se manifiestan en el arte, la religión, las letras, la filosofía y las llamadas ciencias humanas? ¿El progreso de una se hace verdaderamente a costa de lo otro?

Las diferencias

Existen diferencias que es bueno reconocer. El saber técnico se origina en el ejercicio de una razón que cuantifica la realidad, la reduce a términos homogéneos, procura expresarla con una simbología conceptual matemática y abstracta. La razón técnica se apoya en las ciencias duras, pero a diferencia de éstas no se agota en el puro conocimiento. Va más allá del conocimiento porque lo que le importa es su aplicación. Se trata de un *saber operativo*. Es decir, domina la naturaleza, interviene en ella, aprovecha sus recursos y la somete a la voluntad humana. La razón técnica es una combinatoria feliz de tres elementos: inventiva, cuantificación y voluntad de dominio.

El saber humanístico, en cambio, expresa una razón que no cuantifica la realidad porque otorga preeminencia a sus aspectos cualitativos. Su lenguaje es ambiguo sin llegar a confundirse con la incoherencia que es, en sí misma, la frustración de todo lenguaje. Pero sí es cierto que bordea la imprecisión porque quiere atender, mal o bien, a la infinita complejidad de lo real. La razón del humanista es permeable a contenidos irracionales, a los saltos de la imaginación, a la fluctuación de los sentidos. Acepta el testimonio de experiencias que no están sometidas a verificación empírica.

Acción y contemplación

Si bien la técnica es rígida en la adopción de formalizaciones que deben ser sometidas a prueba, por otro lado se muestra dócil y flexible: abandona un concepto cuando la experimentación dictaminó lo contrario. Heredera de la ciencia, la técnica se revisa a sí misma y cambia. Lo hace a duras penas porque sus cambios son costosísimos: no sólo debe reemplazar un conocimiento sino toda una línea de producción. Y reemplazarla cuando ésta acaba de serlo, y así sucesivamente. La técnica debe aceptar el envejecimiento en plena juventud, la sustitución de sus productos al cabo de momentos de esplendor, la caída en la caducidad poco después de su euforia de todopoder. Salvo en las obras de ingeniería, la técnica es el más perecedero de los frutos humanos: pese a estar empeñada en materializar la ilusión de extender un dominio perdurable sobre el conjunto de la realidad material.

El saber humanístico no alcanza el mismo nivel operativo. No incide en la realidad con igual impronta porque se adhiere mucho más a la contemplación, es fundamentalmente conocimiento. Las más de las veces el humanista hace del conocimiento una meta suprema, la búsqueda de fines últimos: la verdad, el bien, la belleza o lo sagrado. Cuando se ha instalado en estas metas, el humanista siente que el conocimiento ha tocado la plenitud. Digo solamente "tocado" porque también tiene la certeza de que es muy rara su posesión definitiva.

El conocimiento para el técnico es un medio, no un fin. Su fin es la aplicación del conocimiento, su carácter operacional. Elabora, por lo tanto, una cultura de medios que se refinan y perfeccionan sin cesar. Aun a riesgo de simplificar diría que para la técnica el objetivo último es *el instrumento*, para el humanista es *el hombre*.

Innovación y tradición

Por el imperativo de un progreso incesante el saber técnico depende de la *innovación*. No puede detener su carrera. En cambio el humanista tiende a valorizar la *tradición*, la continuidad de lo grande realizado por el hombre en el pasado. Se diría, paradójicamente, que siente el gusto de la repetición. Vuelve jubilosamente a lo arcaico cuando allí percibe una juventud que no languidece. No apuesta a lo nuevo sino a lo perdurable. Y si el humanista habla de innovación no está pensando en romper con la tradición sino en incorporarse a ella.

Es cierto que al técnico le interesa menos el conocimiento que las posibilidades de su aplicación. Pero también es cierto que vive de la adquisición de nuevos conocimientos. Puesto a elegir entre éstos y la experiencia acumulada, generalmente opta por aquéllos. El conocimiento es rápido, actual; la experiencia es lenta, rezagada. El conocimiento es frescura, tiene la disponibilidad del olvido; la experiencia es memoria, se enriquece con el paso de los años. El conocimiento es triunfalista, atropellado, levanta la bandera de lo nuevo; la experiencia es prudente, desengañada, trata de reunir sus semillas dispersas en un cultivo del atardecer llamado sabiduría. No es raro que el humanista prefiera esta última.

A la técnica le importa el tiempo presente; las humanidades trabajan con un horizonte que es "todo-tiempo".

Las influencias

A pesar del valor incuestionable de cada uno de estos mundos, el saber humanístico se ha sentido atraído por los éxitos de la técnica. Las humanidades (la educación, las letras, la filosofía, el arte y las ciencias sociales) asimilaron, tal vez exageradamente, el espíritu de la innovación instrumental. No es raro que aquellas disciplinas aparezcan empeñadas en reformas metodológicas más que en cambios de esencias: se revolucionan los medios más que los contenidos. Tal influencia llevó a que ciertas disciplinas humanísticas se vieran cubiertas de formalizaciones abstractas y procedimientos cuantificadores que no siempre representaron un genuino ahondamiento.

Otro desajuste entre la técnica y el hombre es

el que viene de la diversidad de sus *tempos*. El tempo de la innovación tecnológica difiere del de la naturaleza y también del humano. El ritmo de aquélla es más acelerado que los de estos últimos. La técnica es "más rápida" que el hombre y la naturaleza: en consecuencia impone su ritmo. Transforma el contorno antes de que el hombre y la comunidad se hayan adaptado a él. Este desequilibrio hace de la criatura humana un ser *acosado* por la técnica, obligado a cambios para los que no se halla preparado. Participa de una lucha en la que se siente en desventaja y no totalmente dueño de sí mismo. Jadea detrás de un instrumento que cada día se renueva y mejora. El pobre ser humano termina siendo el prisionero imperfecto de un instrumento perfecto.

Pero no nos engañemos. Estas creaciones del prodigio técnico no siempre aspiran a la perfección del hombre total, meta verdadera de ese magno esfuerzo. El destino de ese prodigio innovador pareciera ser otro: sus productos compiten encarnizadamente entre sí para hacer una entrada triunfal en el mercado. Es el modo de alcanzar el antipremio de una caducidad inminente y descansar, siendo aún lozanos, en un cementerio de chatarras.

Idolización

Estas visiones últimas de la técnica, deliberadamente sombrías, no aluden a un hecho irremediable. Sólo quiero llamar la atención sobre un inmenso equívoco: el de la idolatría o fetichización de la técnica. Se olvida que ella es sólo un instrumento mágico que, si se vuelve contra el hombre, es preciso remitir su peligrosidad a la originaria peligrosidad que el hombre representa para sí mismo. Se olvida que la eventual desmesura "fáustica" de la técnica se origina en la quiebra de cierta mesura humana. [El mal no radica en los costosos juguetes que fabricamos para ayudar al ser humano y dominar la naturaleza, sino en la confianza idólatra de que ellos pueden resolver nuestros problemas esenciales.]

La técnica es un instrumento. Todo debate sobre su destino la supera porque incumbe al hombre como totalidad. Si su desarrollo es desmesurado habría que preguntarse qué falla se produjo en la idea de civilización asumida por aquella sociedad que priorizó los medios instrumentales por encima de los fines últimos.

Esta perspectiva hoy nos resulta en muchos casos familiar. Los instrumentos se desvirtúan:

inicialmente creados para hacer más honda nuestra vivencia de los seres y las cosas, aparecen convertidos en mediadores que interfieren en esa relación: *se pierde la inmediatez*, el cara a cara, el vínculo directo. Los artefactos se vuelven tan prodigiosos que nos persuaden de que es posible reemplazar a la vida por su simulacro, a la realidad por su copia virtual, al conocimiento por la información, al amor por su imitación perfecta, al cuerpo por el multiuso de su aprovechamiento exhibicionista, a la gloria verdadera por la nombradía de una imagen mediocre que tiene el todopoder técnico de la sola multiplicación infinita. Fabulosa eclosión de sustitutos técnicos creados para estimular la vida pero que, finalmente, la sustituyen generando una red de apariencias que se superponen a la realidad y la encubren.

Pero es cierto que en otras sociedades el desarrollo de la técnica es insuficiente. Aquí también habría que preguntar qué defecto se produjo en su idea del ser humano como para que los medios no tengan la relevancia que les corresponde en el conjunto de la vida: hacer liviano el trabajo, preservar la naturaleza, disminuir los umbrales del dolor y elevar los de la salud, asegurar la nobleza de los alimentos, volver fluida la comunicación entre los seres.

Esta acción bienhechora de la técnica no tiene por qué trabar el cultivo de la verdad, el bien, la belleza y lo sagrado. Un verdadero humanismo es aquel que ha equilibrado el perfeccionamiento de los utensilios mediante la búsqueda de esos fines últimos. Ellos no pueden ser postergados porque hacen a la plenitud de la aventura humana en la tierra.

El libro que sacudió un imperio

Los estudiantes del Mayo francés del 68 quisieron darle vida revolucionaria a la Democracia para que ella mostrara un rostro más audaz e innovador. Este objetivo se concretó en parte gracias a que esa revolución a la que se aspiraba permaneció irrealizada. Cuando la tentación de la violencia —"partera de la Historia"— comenzó a imponerse, el hecho multitudinario terminó. Este golpe de la conciencia histórica (o del azar) salvó a obreros y estudiantes del Mayo francés de la catástrofe.

Catástrofe que no pudieron evitar cincuenta años antes los obreros, estudiantes y campesinos rusos ganados por la fe en la violencia como "partera" de un mundo nuevo. La sangría desde entonces fue tal que uno de los más grandes países

135

del planeta quedó sumido en el caos. Es cierto: eran otros tiempos, ideología y utopía iban de la mano, el reformismo pacifista no pasaba por un buen momento y la revolución violenta aparecía como el camino más directo hacia la democracia "real". El cronista del mayor engaño del último siglo, y quien contribuyó con eficacia a enfrentarlo, fue Alexander Solzhenitsyn.

I. En 1941, a los 22 años de edad, Alexander Solzhenitsyn era movilizado como oficial del ejército soviético y participó en la guerra contra los nazis. Su comportamiento fue ejemplar. En 1945 ya con el grado de capitán, tres meses antes de finalizar la guerra, fue arrestado y degradado. Había cometido una falta grave: en unas cartas que intercambió con un amigo se había referido a Stalin de un modo "irrespetuoso". Esa travesura le costó once años de prisión.

Hasta el momento de su detención Solzhenitsyn no era un opositor ni un derrotista: fue héroe de la guerra, creía en el socialismo y aceptaba su base marxista. Un par de bromas sobre el Infalible lo tiró al sumidero de una vida "subterránea" que le permitió percibir en plenitud la cara infernal del sistema imperante en su país. Comprendió que todo lo que se movía en la superficie política era *mentira*. Y que el eje en torno al cual giraba la vida soviética estaba sostenido por esos ochenta recintos pestilentes ("gulags") distribuidos a lo largo y ancho del territorio como un archipiélago. Ellos eran la *verdad*.

También era verdad que poblaciones enteras fueron diezmadas y desplazadas de su suelo, y anulada la autonomía de sus repúblicas, por el solo hecho de haber sido ocupadas por el invasor alemán. Fue la suerte de países del Cáucaso, kalmucos, chechenos, ingushos, karachevos y tártaros de Crimea. Este castigo extremo sobre casi la mitad de la ciudadanía soviética no fue una experiencia aislada ni la sola obra del Gran Asesino: fue el resultado lógico de un sistema delirante que había comenzado en 1917 con Lenin. Había que difundir estas imágenes del infierno a viva voz. En prisión, Solzhenitsyn ya "presentía vagamente que un día podría gritar a los doscientos millones (de soviéticos)" (p. 39).

Ese grito se plasmó en una obra memorable. Su autor salió de prisión en 1956, comenzó a redactarla dos años después y la concluyó luego de nueve años de trabajo. El arresto que padeció aquel joven capitán de 26 años no sólo cambió su vida sino el destino de su país. A partir de aquel momento comenzó a tomar forma una hazaña sin parangón en la historia contemporánea: que un libro echara abajo un imperio.

Esa obra memorable se llamó *Archipiélago Gulag.* Los originales viajaron clandestinamente a París y allí se editó inicialmente en ruso, en diciembre de 1973. Las traducciones a las lenguas de mayor circulación se sucedieron como un reguero de pólvora. La primera en español la publica Plaza y Janés de Barcelona en mayo de 1974. Ahora Tusquets Editores lanza el texto definitivo de una versión directa del ruso y con notas y agregados del mismo Solzhenitsyn, en tres tomos. El que tengo en mis manos es el primero, de 800 páginas; luego aparecerán los restantes. Oportuno homenaje de nuestra lengua al gran escritor que en diciembre de 1998 cumplió los ochenta, ya de vuelta en su tierra luego de veinte años de asilo en los Estados Unidos.

II. En 1989 el imperio comunista se vino abajo desintegrado por dentro. El calificativo más frecuente de los sovietólogos era "implosión". Muchos de ellos se sintieron sorprendidos ante un hecho que no figuraba en sus pronósticos. Raymond Aron —antes de que aquélla se produjera— señalaba que el imperio era "monolítico" y por lo tanto, habría que esperar su caída sólo a través de un asedio exterior que no excluiría la posibilidad de una guerra. Sin embargo la "implosión" se produjo y entre sus escombros se percibieron las emanaciones de un explosivo bien colocado: *Archipiélago Gulag*. El libro había generado fuera de su país y dentro de él un clima de generalizada autoconciencia, algo parecido a un despertar. Fue la expresión de un "hartazgo moral" ante una colosal mentira ideológica que se hizo insoportable aun para aquellos que se beneficiaban con ella. El coraje de Solzhenitsyn, su reclamo de un sinceramiento a toda costa y de reconocer públicamente el fracaso de una experiencia que duró cincuenta años, tuvo una respuesta oportuna: el imperio cayó sin guerra civil, sin sangre ni ajusticiados, casi por un acto de contrición colectiva.

Es imposible no reconocer la presencia de *Archipiélago Gulag* en tal efecto. Pero hubo algo más notable aún: el libro era una larga narración literaria, no una construcción teórica para refutar el marxismo, tampoco un alegato jurídico ni un ensayo político que ofrecería a la sociedad soviética un modelo de recambio. No abunda en ideas, no quiere persuadir a nadie: sólo quiere ser un *testigo creíble* que presenta sus heridas y las de otros. El método elegido no es el de demostración, sino la sencilla mostración de una miríada de hechos absurdos y aberrantes que se fueron acumulando a lo largo de once años de reclusión y que el autor relata día a día. Lo hace con un detallismo que no pierde de vista el gran fresco, al estilo de los grandes escritores rusos. Por sus páginas transitan humillaciones, torturas, infinitas requisitorias sumariales a cualquier hora de la noche, celdas asfixiantes por el hedor, lucha con el hambre omnipresente, la suciedad, el excremento, los piojos, la enfermedad, las pulgas, el frío, la falta de sueño, de espacio, dormir de pie, el robo, la promiscuidad, la agresión de los delincuentes comunes, los traslados interminables de un "gulag" a otro.

III. Pero también las condenas "extrajudiciales" por ausencia de un Código Penal que, cuando vino, fue un desastre; la aplicación de una "justicia revolucionaria" montada sobre la codificación de las siguientes figuras: "propaganda antisoviética, cruce ilegal de la frontera estatal, actividades contrarrevolucionarias, trotskismo, sospecha de espionaje, ideas contrarrevolucionarias, ánimos antisoviéticos, elemento socialmente peligroso o nocivo" (p. 338). El apresamiento de un sospechoso con frecuencia implicaba el de toda la familia. Las penas no bajaban de los diez años, ascendían a veinticinco, reclusión perpetua o fusilamiento.

Como para Lenin estas sanciones eran demasiado blandas, poco antes de su muerte instruyó sobre la necesidad de aumentarlas: "Hay que ampliar la aplicación de la pena de muerte... El terror es un medio de persuasión... La justicia no debe abolir el terror... Hay que fundamentarlo y legitimarlo, de manera clara, sin falacias ni adornos" (p. 419). Y agregaba que urgía "limpiar la tierra rusa de toda clase de insectos nocivos". Esta metáfora entomológica fue convertida en norma y dio para todo: se "limpió" el país de "obreros holgazanes", enemigos de clase, "empecedores" (saboteadores), intelectuales, estudiantes, propietarios, cooperativistas, profesores de liceo, sacerdotes, monjas, tolstoianos, santones, sobrevivientes de otros partidos, viejos zaristas, disidentes, espías y más espías al acecho en todas partes. Stalin amplió la franja. Incluyó como criterio de sanción sus estados de ánimo: desconfiaba siempre. Dirigido inicialmente contra los enemigos, el fusilamiento fue una especie de ruleta rusa, cargada con más de una bala, apuntando a la sien de los amigos.

IV. Solzhenitsyn fue el cronista minucioso del infierno. Todo lo que narra en *Archipiélago* ocurrió. "En este libro no hay personajes ficticios ni sucesos imaginarios. Todo ocurrió como se relata" aclara en la página inicial. No asume la tesitura del historiador —aunque más tarde algunos especialistas reconocieron que la casi totalidad de lo narrado tiene constatación testimonial. Por otra parte, muchas páginas tienen el cuidado del historiador consumado. Pero fundamentalmente el libro está escrito en el estilo de una larga narración fluida y apasionante: quiere ser literatura. (De allí lo singular de su subtítulo "Ensayo de investigación literaria".) Es investigación con un nítido afán literario.

Solzhenitsyn describe el hecho de la manera

más realista posible, neutraliza toda tendencia a la exageración, el delirio, la fantasía, la magia. Excluye la ficción. Da la impresión de que la excluye porque no ayuda a comprender, porque diluye el don de credibilidad que brinda toda realidad extrema. Desde este ángulo la ficción parecería una huida del hecho, una pobreza, un recurso de escritores imbuidos de un subjetivismo dicharachero, incapaces de ese silencio que permite a la realidad hablar en plenitud y mostrar su entraña de luz y sombra. Con la palabra "investigación" quiere manifestar esta reserva.

En *Filosofía de la tragedia* Leon Chestov reprochaba a Dostoievsky ese don narrativo maestro capaz de describir bellamente un hecho feísimo. Se preguntaba si no hay algo terrible en un texto que junta la fruición y el asco. En Solzhenitsyn hay ese mismo prodigio narrativo por sus cualidades literarias. Pero Dostoievsky inventa el hecho que describe, necesita de la ficción; Solzhenitsyn no lo necesita porque no inventa el hecho: quiere convertirlo en verdad a través de su maestría narrativa. Haciendo buena literatura quiere liberarse de ella y apuntar a una rebelión moral.

Añadir la ficción a la literatura (y también a

la historia) en obras de esta índole, vendría a ser el recurso de una desmesura individualista que ha perdido la inmediatez del acontecimiento vivido como experiencia. O también cuando ese hecho ha desaparecido y se lo busca en los sustitutos de la imaginación. Con los excesos de esta última se hizo mala literatura (y también mala historia). Solzhenitsyn eludió estos dos riesgos pagando un precio enorme: once años en el vientre infecto del Archipiélago. No necesitó inventar para escribir uno de los libros más estremecedores de nuestro tiempo. Frente a una realidad atroz, la imaginación es un remedo triste e inoportuno.

V. El gran escritor ruso publicó este libro hace 25 años. En cierta medida la realidad que describe ya quedó en el pasado. Pero el estupor de que *eso* haya ocurrido sigue en pie y le otorga a la obra una actualidad sin eclipse. ¿Cómo se originó, qué fuentes alimentaron tamaña crueldad y por tan largo tiempo? Junto al hitlerismo, constituyen el enigma mayor del siglo XX. En este tema la conciencia humana todavía no consiguió una respuesta satisfactoria. Solzhenitsyn, dije, se prohíbe las interpretaciones teóricas o las tiene escasas y acaso desconfía de ellas. Sorprende este freno. Es evidente que le importa más *describir* el mal que *explicarlo*. ¿Tal vez porque la naturaleza de ese mal es tan terrible que deja sin habla? Sí menciona a dos grandes culpables de tamaña crueldad: Lenin y Stalin. Ellos forjaron la idea de un cambio histórico fundado en el poder redentor del odio y el asesinato. Creían firmemente en el efecto saludable del terror. Stalin lo practicó hasta la demencia: fue responsable directo de crímenes que se miden por decenas de millones.

Cuando Solzhenitsyn se alejaba de estos malhechores para pensar en términos más amplios, en una idea de la historia que aclare la aparición de ambos, adelanta la noción de *ideología*: "He aquí lo que proporciona al malvado la justificación anhelada y la firmeza prolongada que necesita. La ideología es una teoría social que le permite blanquear sus actos ante sí mismo y ante los demás y oír, en lugar de reproches y maldiciones, loas y honores. Así, los inquisidores se apoyaron en el cristianismo; los conquistadores, en la mayor gloria de la patria; lo colonizadores, en la civilización; los nazis, en la raza; los jacobinos y los bolcheviques, en la igualdad, la fraternidad y la felicidad de las generaciones futuras. Gracias a la ideología el siglo XX ha conocido la práctica de la maldad contra millones de seres" (p. 210).

Como se ve la ideología, para Solzhenitsyn, asociaría dos términos: la violencia y una "causa noble" que la emplearía inicialmente como medio, pero que terminaría en un resultado invertido: la violencia utilizando como medio a la "causa noble". Así entendida, la ideología es el demonio que promete redención y felicidad sobre una pira de cadáveres.

Aunque este razonamiento sea aceptable no deja de ser insuficiente. ¿No se podría decir algo más para explicar tanta demencia? Comprendo que Solzhenitsyn no quiera demorarse demasiado en estos dos personajes, que nombra pocas veces aunque sean el *"leit-motiv"* de la danza macabra. ¿No se podría encontrar, ahondando en el alma de ambos, algo más que una malformación individual? No lo hace porque sabe, conjeturo, que el dúo y su entorno evolucionan según una ley simple: el mutuo exterminio. Pero además por un motivo más noble: el gran escritor pasa de largo ante esos victimarios de nombradía asegurada porque lo que quiere es *no olvidar a sus víctimas* condenadas a la mudez y el anonimato. Quiere ser la memoria absoluta del sufrimiento de un pueblo. Si por él fuera —y en parte lo hace— nombraría uno a uno a sus millones de perseguidos, humillados y fusilados. A la vista de este paisaje desolado, como buen cristiano ruso ortodoxo espera de los culpables un acto de contrición no privado sino *público*. Luego del magnicidio stalinista lo aterró la escasez del castigo a los responsables, pero mucho más la falta del *autocastigo*.

VI. *Archipiélago Gulag*, en mi opinión, es uno de los testimonios mayores que la historia humana puede dar del *sinsentido* rigiendo la vida de un pueblo. Allí alcanzó dimensiones tales que, al igual que el nazismo, echó abajo la religión del progreso, reactualizó el tema de la presencia de lo irracional en la historia y la inoperancia de la cultura para hacerle frente. En todos los niveles de las normas y las conductas el disparate, la sinrazón, el arbitrio humoral, la decisión gratuita, el odio y el miedo fueron tan monolíticos y prolongados, que se llegó a aceptarlos como una *fatalidad* impuesta sobre toda voluntad humana.

¿Acaso convendría más la idea de *tragedia* en

el sentido griego clásico, es decir, como imperio de lo fatal? Me refiero a ese designio inescrutable que a veces se impone a los hombres, los enloquece, irresponsabiliza y convierte en instrumentos de actos aberrantes, de tal suerte que son culpables e inocentes a la vez. Luego viene un hecho inesperado, también inexplicable: un fugaz rescate de la razón, un acto de coraje moral, un exorcismo, la muerte de la Bestia en este caso, y de pronto, como ante un golpe de palmas, la pesadilla cesa y la comunidad despierta a la responsabilidad cotidiana y al sentido común.

Sé que la noción de tragedia también es insuficiente para definir una *conducta ante el sinsentido.* Puede ayudarnos en algunos casos de locura colectiva que duran poco y en espacios definidos. Ayuda a aceptar lo irremediable sin llenarnos de odio. Pero la tragedia niega la libertad y la responsabilidad individual, dos de los elementos sin los cuales es impensable lo humano. Su suspensión de todo juicio como ahondamiento en la necesidad de comprender, no resulta sedante ante el sinsentido exterminador que comenzó en 1917, se prolongó por setenta años y engañó a muchas mentes lúcidas.

*   *   *

VII. ¿Qué actitud asumir ante ese sinsentido exterminador que Solzhenitsyn describe tan bien pero cuyas causas analiza escasamente? Nos habló de la ideología, es decir del connubio maligno entre la violencia y la redención humana. ¿Pero no habría que explicar la razón de este connubio y por qué se desequilibró a favor de la violencia? ¿Por qué se eligió ese gran país para ensayar la redención social a través del asesinato? ¿Por qué en este siglo y por tanto tiempo, por qué en una población principalmente cristiana? ¿Y Marx al que no nombra?

Apena ese silencio porque Solzhenitsyn hubiera dado respuestas hondas: tenía a mano la gran tradición metafísico-religiosa del genio ruso que sabe incursionar en el misterio de la historia. Sus intuiciones hubieran sido iluminadoras.

Hay que reconocerlo: el principal interés de Solzhenitsyn ha sido ético: *no olvidar.* Cuando en *Archipiélago Gulag* piensa en el poststalinismo lo hace en términos de memoria inflexible y de castigo. No dejaría un solo culpable sin llevarlo a la plaza pública. Lo subleva, por ejemplo, que Molotov, un cómplice notorio del Gran Estratega, sobreviva apacible en su domicilio de la calle

149

X como si nada hubiera pasado. Hubiera deseado, deduzco, que toda Rusia se convirtiera en un Gran Tribunal de enjuiciamiento moral y no dejara a ningún culpable sin la purificación del castigo. Se entiende esta actitud sólo porque está ligada a un sufrimiento extremo.

VIII. Por suerte no ocurrió así. La historia del postcomunismo no entró en el vértigo de una "justicia vengativa". A partir de la saludable entrada de Nikita Krushev al Soviet Supremo, del XX Congreso de la URSS y sus revelaciones sobre los crímenes de Stalin, el país vivió un gradual proceso de deshielo. Pese a algunas regresiones intermedias, culminó en la Perestroika de Gorbachov, el golpe anticomunista de Yeltsin el 19 de agosto de 1991, y el retorno de Solzhenitsyn a su tierra en 1994. Obsérvese este hecho curioso: ¡el desmonte del sistema de exterminio stalinista lo llevaron a cabo funcionarios que sirvieron a Stalin! Para bien o para mal, lo cierto es que el comunismo cayó por la acción conjunta de víctimas y de victimarios. Por supuesto, ese trabajo hubiera sido imposible sin la corrosión previa de las denuncias de Solzhenitsyn y de la labor de disidentes que desencadenaron en el exterior una inmensa presión moral y política. Pero no hay que desdeñar la acción interna de ex stalinistas como Krushev, Scheverdnaze, Gorba- chov y Yeltsin, quienes desde el Poder abrieron un camino institucional.

Felizmente los hechos se encadenaron de ese modo. Hubo una quiebra del sistema represivo y un cambio profundo, sin sangre en las calles ni en las prisiones, sin que la "justicia vengativa" levantara nuevos cadalsos para los viejos culpables. La sabiduría política ensayada por el postcomunismo, al igual que el postfranquismo, aconsejó no seguir rindiendo cuentas con el pasado: habría sido una manera de quedar detenido en él. Una vez desarmado el culpable, carente de vigencia histórica, convertido en residuo, es preferible el *olvido* porque ayuda a mirar sin resentimiento el futuro y a emprender con menos lastre en el alma las tareas nuevas que impone el paso del tiempo. La historia rusa reciente se benefició mucho con las revelaciones de *Archipiélago*, pero no se mostró igualmente sensible a una ética basada en el castigo más que el perdón.

*   *   *

IX. Con estas reflexiones no quisiera escatimar el reconocimiento que merece el libro de Solzhenitsyn y la oportunidad de su reedición ahora que los "gulags" son un triste pasado (y una permanente advertencia). Derribó un imperio que muchos expertos daban por "monolítico". ¿Qué libro en nuestro siglo cumplió una hazaña semejante? Fue la epopeya de un pueblo en presidio, un coral de millones de voces que conmovió al mundo entero.

¿Pero qué nos dice, *además*, la voz aislada del preso, héroe de la guerra, luego gran escritor, Premio Nobel, condenado sin razón y humillado mil veces? ¿Qué lo ayudó a resistir? Una constatación secreta: la *presencia del prójimo*, la inmediatez indestructible del prójimo en su estado de mayor caída. Esta revelación fue exactamente la misma que tuvo Fedor Dostoievsky cien años antes confinado en Siberia. Allí pasó cuatro años de extrema miseria y sin embargo escribe: "El alma es transportada. Y reconoces que el último de los hombres, el más desgraciado, es también hombre y hermano tuyo" (*Humillados y ofendidos*). Solzhenitsyn lo dice de la siguiente forma: "En la celda ves por primera vez otros hombres que no son enemigos. Coincides por primera vez con otros hombres vivos que siguen tu mismo camino y con quienes puedes fundirte en una gozosa palabra: *nosotros*" (p. 219). El subrayado es de Solzhenitsyn. Quienes llegaron a los bordes últimos del sufrimiento son los que mejor perciben el milagro de la fraternidad humana. Con su coral de un millón de voces el escritor ruso quiso hacernos oír la "música callada" de esta íntima experiencia.

¿Implosión occidental?

1. La formidable denuncia de *Archipiélago Gulag* contribuyó a echar abajo un imperio.

Desde entonces nos habíamos habituado a pensar en la *implosión* del marxismo soviético y algunos espíritus ligeros comenzaron alegremente a profetizar un *fin de la historia*, es decir, la entrada sin trabas ya, en la sobrehistoria paradisíaca de la economía de mercado. Pero a poco de andar observamos que el mundo libre también tiene sus llagas, es decir, su *implosión.* Tal vez la palabra sea excesiva pero vale la pena mantenerla, aunque como advertencia para establecer cierta simetría con la soviética y nos resguarde de todo falso triunfalismo.

Un síntoma a considerar de esta eventual *im-*

plosión de Occidente acaso sea la pérdida del vigor de *las ideas* como motoras del cambio social. Tengo la impresión de que las grandes ideas filosóficas, sociológicas y religiosas —cualquiera sea su esplendor—, no tienen hoy la fuerza suficiente para influir sobre la realidad histórica y darle un rumbo. Pueden interpretarla, hacer lecturas sagaces del presente, pero llegan tarde: el cambio histórico ya partió en otra dirección. De allí la sensación, frecuente en nuestros días, de que las ideas envejecen a poco de ser enunciadas.[1]

Labor teórica y *cambio histórico* se hallan hoy en situación de divorcio. Podría conjeturarse que las ideas contemporáneas en los tres campos señalados —filosofía, sociología y religión— no son menos brillantes y sólidas que las del pasado, pero carecen de *audiencia*. La realidad histórica y sus verdaderos protagonistas tendrían la mirada dirigida hacia otro lado, el oído atento a otras voces: los impactos de las ciencias duras, la facticidad de la economía, los prodigios de la técnica, la magia de las industrias de la imagen, la seducción del deporte. Estos cinco contenidos generan una praxis

[1] En este capítulo desarrollo ideas inicialmente expuestas en mi libro *Agonías de la razón*, Sudamericana, Bs. As., 1994.

que no necesita de la labor teórica para gravitar poderosamente sobre el cambio social.

También podría explicarse la falta de eco de estas ideas porque el cambio histórico impone *urgencias*: no pide rumbos ni metas ideales sino un operativo de salvamento. La situación actual, en muchos aspectos, tiene la desesperación de un *naufragio*, es un grito de socorro por un salvavidas más que por una meditación. En lugar de teoría exige praxis: enfrentar el sida y otras epidemias, no seguir contaminando el ambiente, detener el vendaval de odio y violencia desatado por diferencias étnicas y lingüísticas, la marea de la superpoblación inevitable, el desempleo masivo, la crisis financiera global que de golpe impone la pobreza y el desamparo, la amenaza de una manipulación genética de difícil control. Una praxis que preserve el agua potable, proteja a adolescentes esclavos de la droga, disminuya la temperatura cuasi religiosa del deporte, evite que niños, mujeres y ancianos mueran de hambre o sean lanzados a la intemperie del éxodo, frene el tráfico de armas, la guerra del petróleo, la destrucción de ciudades-símbolo (como fuera hace poco Sarajevo), resucite el mar de Aral que acaba de morir ecológicamente, y que reconstruya ciudades y países abatidos por la furia del hombre o de la naturaleza...[Es posible que tamañas urgencias históricas impidan atender a los lentos llamados de la labor teórica en filosofía, sociología y religión.]

2. Pienso que la historia dejó de llamar a las puertas de quienes reflexionan sobre su fin y sentido. Hoy clama por inversiones, ayuda médica, nuevas tablas de salvación individual y colectiva. Hace un tiempo las ideas intentaban preceder al cambio y participar en la construcción de un mundo mejor; hoy llegan después del cambio y poco se espera de ellas para evitar lo peor.

El cambio es vertiginoso y sentimos como si se diera al margen de la voluntad, la razón y los fines propuestos por el hombre. Hasta hace poco se imaginaba a la historia detenida en una estructura que sólo se movilizaría mediante la cirugía de la *revolución* o la terapia del *desarrollo*. Por el contrario, hoy nos inclinamos a pensar que el cambio se produce al margen de propuestas voluntaristas, y ya muy pocos lo identificarían con el progreso: porque todo avance en cualquier sentido muestra, desde el comienzo, el germen de su propia descomposición. Se acelera la historia pero puede caer en la prehistoria, la civilización evolucionar hacia el primitivismo.

Se me ocurre que el cambio histórico recupera una especie de libertad física que pareciera una venganza contra las ideas. Se ha vuelto un movimiento ciego y errático, de difícil pronóstico, que lo invade todo: las invenciones de la técnica, los caprichos de la naturaleza y la aventura de los hombres. Inundaciones, sequías, sacudones sísmicos alternan con genocidios, destrucción de ciudades, la aparición de nuevos virus. Se desintegran naciones y surgen otras nuevas. Etnias distintas se masacran entre sí con una fatalidad sonambúlica que poca relación tiene con la voluntad libre. Además la pobreza y el mejoramiento familiar movilizan grandes desplazamientos colectivos; hispanos en Estados Unidos, turcos en Alemania, nordafricanos en Francia, caribeños en Inglaterra. Y este movimiento enloquece con el éxodo de los *refugiados*, esos nuevos protagonistas de la sociedad actual. Pueblos enteros sin hogar y condenados a un nomadismo cuya culpa real nadie atina a explicarse. ¿Qué filósofo, qué sociólogo, qué profeta atinaron a trazar la dirección y meta de estos cambios históricos?

Otros ejemplos. Terminada la Guerra Fría se

creía asegurada la paz, había triunfado la razón liberal, pero acontece lo contrario; estalla la implosión occidental, surgen toda suerte de conflictos y bajo la bandera de la autonomía nacional se instaura la fiesta del odio. Se producen destrucciones inexplicables, se reivindican regionalismos triviales tanto más exigentes cuanto más pequeños: fragmentos que se subdividen aún más hasta cerrarse en sí mismos. ¿Cómo entender la tragedia yugoslava, el terrorismo vasco, la autonomía corsa, el divisionismo italiano y el drama nordafricano en Europa?

No sorprende que un conjunto de aldeas termine invocando una identidad y aspire a constituir un Estado. Y a ese vértigo reivindicatorio contribuyen las atomizaciones étnicas y lingüís-ticas: estas últimas suelen ser tiránicas. No es extraño que sobre los límites de un dialecto se quieran trazar las fronteras de una nueva república. Es cierto que la tendencia divisionista se atenuó con la reunificación alemana y la pacificación en Irlanda del Norte.

3. Pero frente a esta seducción del fragmento se levanta otra de signo opuesto: la *globalización*. Inicialmente forjada en un plano financie-

ro y adherida al desarrollo de una economía de mercado, su dinamismo arrastra ineludibles consecuencias culturales, la universalidad de los productos culturales alienta en las mejores posibilidades de la globalización, ¿pero se concretan ellas de modo adecuado? Muchos de esos productos de la cultura llevan el sello de la uniformidad repetitiva y sin matices al punto de convertirlos en expresiones de una *universalidad falseada*. Por otra parte, en su área específicamente económica, la globalización promueve el crecimiento de un *poder anónimo* a través de grupos industriales y financieros que se fusionan hasta cubrir dimensiones planetarias. Promueve la aparición de un gigantismo económico, un neotitanismo contemporáneo manipulador y cosmopolita que obra a favor de una unificación del mundo sacrificando lo diverso a través de la igualación, la homogeneidad y la supresión de las diferencias.

Luego de la implosión de los países del Este se pensó que la OTAN quedaría sin trabajo, pero no es así: surgen en Europa nuevas estructuras defensivas (la UEO, Unión de Europa Occidental, el Cuerpo Defensivo Franco-alemán) sin que todavía sepan lo que deben defender ni con qué medios. Pero lo cierto es que la Organización del

Tratado del Atlántico Norte tiene nuevas tareas tanto o más comprometedoras que antes de la Guerra Fría (El Kosovo).

En cuanto a la religión hay casos precisos en que ella separa a los hombres en lugar de unirlos y se transforma en una pasión política, un factor de exclusión. ¿Los fundamentalismos en boga no estarían expresando un debilitamiento de la religión mucho más que su fuerza? De certeza interior la fe se convierte en sobreactuación exterior teñida de resentimiento antimoderno: vuelve hacia atrás en el tiempo en lugar de salir a lo sobretemporal.

La tecnología acelera el cambio ciego: buena parte de ella está dedicada al perfeccionamiento de los útiles para volverlos rápidamente inútiles. Es expansiva, se mezcla con la naturaleza y con la condición humana, cautiva a la ciencia y finalmente la condiciona. Sus resultados son maravillosos y nadie osaría desconocer su aporte al mejoramiento del contorno humano. Pero tiene un costado inquietante: implica un cambio incesante, una innovación que no se detiene, una sustitución de objetos que caducan sin haber envejecido, el vértigo de un movimiento que tiende a independizarse de metas humanas. Desarrolla utensilios y prácticas que, en muchos casos, compelen a cambios profundos todavía no resueltos por la mente humana ni su sistema de valores. (Vgr. Las cuestiones éticas de la clonación, el genoma humano y la bioingeniería.)

4. Con estas reflexiones quiero señalar que las ideas rectoras de la filosofía, la sociología y la religión —que se ocupan de los fines de la sociedad y del individuo— gravitan poco en el proceso del actual cambio histórico. Carentes de influencia, no lo originan ni le dan orientación. El cambio histórico toma su modelo de la tecnología y de la naturaleza. La primera, como dije, tiene que ver menos con los fines que con los medios (instrumentos), es modificación sin fin, cambio en estado puro. De la naturaleza se tienen en cuenta no sus ritmos cíclicos sino sus rupturas: esos fenómenos imprevisibles y catastróficos que parecen advertir que ella mantiene un arbitrio aún no dominado por el hombre.

Lo cierto es que importantes acontecimientos históricos ya no llevan la marca de ideas rectoras. El colapso del comunismo, por ejemplo, a partir de 1989, con su efecto dominó, no fue el triunfo del antimarxismo teórico ni tampoco del liberalismo democrático sino un mero hartazgo fisiológico, una necesidad visceral de aire libre, de sentido común, de desbloquear la psiquis y soltar la palabra, las intenciones, los movimientos. Metafóricamente: una reacción del cuerpo más que del espíritu.

Nadie discute la nobleza de los derechos humanos y su difusión por el mundo a través de la educación y los organismos internacionales. ¿Pero contribuyen a neutralizar los hongos venenosos de la implosión occidental: la xenofobia, el racismo, la intolerancia religiosa? Siguen en pie la discriminación de inmigrantes, su condición de apátridas o ciudadanos de segunda, la apelación del principio de identidad nacional como motivo de exclusión. Toda esta niebla radiactiva que intoxica a países campeones de la democracia, ¿no hace temer que los derechos humanos se hayan vuelto una cansina retórica de cátedra y de organismos internacionales?

Reitero mis reservas a propósito de los fundamentalismos. Su auge no indica una buena salud de las ideas religiosas. Todo lo contrario, una religión que excluye el diálogo con las otras creencias y con las conquistas de la razón, es sólo fanatismo, una forma de la violencia y el odio.

Los distintos casos que mencioné me dieron la impresión de que el cambio histórico en la década reciente obra librado a sí mismo, sin una dirección dada por grandes ideas de la filosofía, las ciencias sociales, las letras o la religión. Aunque éstas existan, no tienen gravitación. Quisiera simplificar sólo por motivos didácticos: en el pasado la Revolución Francesa salió de la cabeza de los Enciclopedistas, la Norteamericana del empirismo individualista inglés, las Hispanoamericanas del *Contrato social* y la *volonté générale*, la Rusa del marxismo, la prosperidad occidental de posguerra del liberalismo. ¿Percibimos algún sistema de ideas detrás del cambio contemporáneo?

Puede afirmarse, es cierto, que el cambio histórico hoy se ha disparado en todas las direcciones, lo que indicaría que no tiene ninguna. Este hecho haría pensar que estamos en pleno nihilismo o bien a las puertas de una formidable aventura.

Recapitulación

1. Señalé que las ideas guían escasamente el carro de la Historia. Se me dirá que siempre fue así en el pasado. Que las riendas reales estaban en manos de la riqueza del suelo, las técnicas aventajadas, la clase dominante, los señores del dinero. Tal vez, pero quiero decir otra cosa: hoy las grandes ideas filosóficas, religiosas, sociológicas tienen un reducido protagonismo. Acaso no existan o se hallen en eclipse. De todos modos tienen una audiencia magra y su poder es casi nulo en un mundo perplejo y desorientado que encontró atrayentes sustitutos para marchar sin ellas.

Pero es cierto que esa marcha da la sensación de los tambaleos de un borracho, es alocada o va a la deriva. Los grandes pragmáticos de hoy, los dueños del éxito en la nombradía, el poder mediático y el dinero consultan a los interlocutores más próximos: expertos, economistas, periodistas, pero sobre todo a los astros, los dados del azar y los caprichos del instante. El futuro es incierto y resultan poco confiables los sencillos diagnósticos de la razón que contempla el horizonte y apuesta a metas lejanas.

¿Lo lejano? Hoy es tema de adivinos y no de filósofos, de entretenidos autores de ficción y no de profetas, de ecologistas empeñosos y no de biólogos y poetas: únicos expertos veraces en cuestiones de la naturaleza. Porque es el *futuro* lo que arriesga quedar aplastado por los nuevos Atilas de la innovación tecnológica aliada al gigantismo planetario. Interesa no dejar a los que vendrán una Tierra convertida en depósito de desperdicios irreciclables; que el conocimiento no se empobrezca por abundancia de información, que los inteligentes misiles que vemos en la televisión no terminen convenciéndonos de que es indolora la destrucción de ciudades. ¿Dónde está, en todo eso, la dimensión del futuro como aventura y búsqueda o como redimible prolongación del tiempo?

* * *

2. Algunos piensan que si las ideas ya no conducen el carro de la Historia es porque sencillamente son escasas. No creo que la solución radique en promover su abundancia, que en realidad ya existe. El mercado gráfico y televisivo, las casas editoras, las revistas, los comentaristas radiales ofrecen un inmenso espacio donde las ideas chocan entre sí con suerte variada. Comentaristas brillantes reflexionan a través de medios diversos sobre cuanto merece la atención entre los cielos y la tierra. Editores avisados prolongan el radio de acción de un libro convirtiéndolo en una atrayente mercancía. Se multiplican los textos colectivos donde debaten figuras distinguidas; de igual modo las "mesas redondas" donde se vuelcan los mil matices de una actualidad compleja.

¡Bienvenida esta abundancia de las ideas! Pero se deja a un lado el libro, se apaga el televisor y a otra cosa. El diario de ayer —como se ha dicho— es ya demasiado viejo para recordarlo. De aquella violencia alarmante sólo nos queda la alarma, una confusa molestia, una reactividad anestesiada por la saturación. La audiencia no ha sido sensiblemente rozada por el influjo de las ideas y la realidad histórica revela ser movida por otros intereses.

Sin embargo sería un error bajar los brazos y renunciar al *cultivo de las ideas*, ya sea como acto de contemplación o como compromiso, como pura teoría o como praxis. Sean escasas o abundantes, ya se encierren en su torre o se les ocurra callejear mediáticamente, las ideas deben insistir en su oficio, extremar la exigencia aunque el teatro se halle vacío. Es en tales momentos de soledad que ellas deben aumentar de espesor, buscar la hondura más que la comunicación, la dificultad más que la facilidad. No importa si el discurso se ha enrarecido, sí importa que huyendo de la facilidad no caiga en el orgulloso autismo de la incomunicación. Las ideas que cambiaron el mundo no fueron fáciles. No lo fueron *Crítica de la razón pura, El contrato social, Ensayo sobre el entendimiento humano, Fenomenología del espíritu, El capital, Así habló Zarathustra* ni *Ser y tiempo*. Esos textos sin condescendencia se abrieron paso y cambiaron el mundo. En circunstancias con frecuencia muy adversas sus autores crearon un espacio de soledad, silencio, concentración, lentitud, futuro. Hoy urge defender esos espacios de la mente porque son la vela de armas de una nueva aventura de las ideas. El interés escaso de las audiencias puede contribuir a darle a esa aventura una mayor libertad de movimientos.

3. El mundo se vuelca sobre cada uno de nosotros bajo la forma de una Red de datos, informaciones, servicios, estímulos, anuncios, distracciones, que nos apresa en sus mallas planetarias. Ante los ojos se abren infinitos caminos que sólo podemos recorrer si nos quedamos quietos; la multiplicidad de un paisaje móvil nos obliga a una postura inmóvil. ¿Qué hacer para recorrer esos caminos con los propios pies? ¿Cómo resistir a este formidable espectáculo sin olvidar que se trata de una pura apariencia? ¿Cómo no quedar prisioneros de esa subyugante ficción que es la "realidad virtual"? Una vez agotado el comercio útil con las apariencias, ¿nos quedará aliento para ocuparnos de la realidad? Y por último ¿cómo recordar que la Red es sólo un *medio* y que, una vez utilizado a pleno, tenemos que enfrentar la impostergable tarea de los *fines*, esos valores que justifican nuestra existencia y duran algo más que un día?

Sin duda, es insensato volver la espalda a los inteligentes aparatos, imposible rasgar la Red planetaria, renunciar a navegar en un océano que, para mayor prodigio, cabe en la pecera de un cuarto de trabajo. Sus aguas traen de todo, riquezas e inmundicias; y esta misma mezcla obliga a la distancia y a una selección hecha desde afuera, en la tierra firme de valores y metas que no emerjan del "mensaje" electrónico.

Como en toda conquista del ser humano: es preciso que éste no sea un instrumento del instrumento, ni un esclavo de sus creaciones aunque le propongan la conquista del mundo. En suma, volver a ejercitar ese *no*, ese poder de la *negación* que está en el origen de lo humano, en el nacimiento del yo individual, del sujeto creador y punto de partida, el que traza con su voluntad un círculo propio, un reino donde la realidad no es una ficción sino un cuerpo, una resistencia, un juego no virtual vivido en el cara a cara, en la inmediatez del otro complementario.

No se me oculta que la Red es el otro nombre de nuestra civilización y que señalar sus límites sería tanto como invocar a la barbarie. Nada de esto. Lo que invoco es el ejercicio de la libertad: eterna aventura del ser humano que crea medios para alcanzar sus fines, pero suele quedar prisionero de los medios. Estos fines de la libertad son

172

la belleza, la verdad, el bien y lo sagrado. Quien aspira a ellos y los ha alcanzado es un hombre libre. Ha llegado a metas absolutas. Es cierto que esas metas padecen eclipses, reclamos de innovación, se opacan en la vejez o el sinsentido. Pero son las únicas permanencias que no implican una detención de la historia porque reviven una y otra vez bajo signos distintos. En todos los casos la libertad entra en escena y moviliza la historia.

4. Es bueno recordar que nada en el ser humano ni en la naturaleza es un *fragmento*. En cualquier terreno que transitemos es preciso no perder de vista el horizonte de la totalidad. Sólo desde ella podemos descender (o ascender) a la humilde partícula. Cuando la banalidad gana terreno crece la idolatría del fragmento: él es pura acumulación, no un rostro ni una unidad generadora de otras que se prolongan en solidaridad silenciosa hasta constituir la única Red verdadera: la totalidad. No somos un pedazo inerte, una parte suspendida en la nada de un olvido cósmico, de una pertenencia irreconocible, no. Somos la parte viva de un conjunto, de una tierra, un paisaje, una historia, una lengua, un todo viviente.

Tampoco somos un fragmento de tiempo, ni la coexistencia casual de sus tres partículas: pasado, presente, futuro. Nos constituyen esas tres dimensiones como una totalidad orgánica. Se hiere una parte y queda afectado el conjunto. El tiempo no crece linealmente sino en expansión. El tiempo de un individuo se amplía en otro, en el de un pueblo, el de una fraternidad colectiva. Crecemos hacia atrás, hacia adelante, debajo y arriba del tiempo. En todo instante vivido con intensidad extrema, su onda expansiva lleva más lejos los límites del pasado y del futuro, los enriquece e ilumina. Para el hombre religioso esa intensidad lleva más allá del tiempo.

Cuando pensamos en nosotros mismos como individuos o comunidad, muchas veces no caemos en la cuenta de que somos ciudadanos de *todo-tiempo* y que deberíamos asumir la contemporaneidad de sus momentos como el acceso a un nuevo y superior grado de conciencia.

5. Pienso que la condición creadora del hombre está vinculada al aprendizaje de una *memoria total*. Dentro de ella debería haber un espacio destinado al conjunto no fragmentado de la historia

humana. Pero también a esa noche sideral anterior al surgimiento de la vida, donde se fue preparando el carbono en los calderos de las estrellas. ¿Acaso entonces ya se estuvo prefigurando la tardía aparición del ser humano? Al cabo de esa trayectoria de complejidades sucesivas, es legítimo imaginarlo como *heredero* de todo el pasado natural, humano y cósmico, y también como *responsable* de su continuidad en el futuro. El aprendizaje de una memoria total, como se ve, no implica un historicismo desaforado ni un determinismo encubierto. Es todo lo contrario de un imperativo profesional. Su ejercicio es metafísico. Es un recuerdo de la misteriosa relación entre las partes de un todo, una mirada de la conciencia sobre el conjunto de la aventura humana para generar un desafío, un acto libre de la voluntad, una perplejidad de la razón. No está mal que en algún momento ese individuo anónimo, débil, una partícula, una nada, o apenas un soplo en la inmensidad que lo rodea se sienta, no obstante, un protagonista decisivo, un responsable de todo lo existente, un eje de la creación. No me parece insensato que ese ser volcado en su artesanía pobre o en su santa quietud, sienta que de él depende la continuidad de aquella aventura que se inició en las estrellas y luego en la vida. Y a la que él dará dirección y destino. En este sentido también es válida la idea del ser humano como contemporáneo de *todo-tiempo*.

6. Hoy es preciso recuperar la vivencia del futuro como aventura, indeterminación y esperanza. Su imagen está bastante maltrecha por las urgencias de un presente que difunde imágenes apocalípticas. Esas imágenes producen miedo y llevan a la mente humana a buscar refugio en el pasado. Buena parte de la creatividad cultural prefiere ser *rememorativa* más que proyectarse en la exploración de caminos nuevos. Es cierto que el presente también es un modo de olvido del futuro; ha multiplicado formas inéditas del placer y del confort que se quiere resguardar de toda amenaza. Esta alianza del placer y el miedo lleva, en nuestros días, a expresiones de una alegría egoísta que bloquea el ánimo abierto a lo venidero.

7. Abrir las puertas al futuro en el plano de las ideas. No en el sentido pretencioso al que nos acostumbraron profetas laicos de gran influencia

como Marx, Nietzsche, Heidegger. Ellos no podían pensar en el futuro sin trazar una línea divisoria, un *antes* y un *después* de la formulación del propio pensamiento. Además los tres cancelaban veinticinco siglos de extravío, pensar decadente u olvido del Ser. Para el primero terminaba la filosofía considerada como mera "interpretación" del mundo, el otro se sentía portador de un mensaje que dividía la historia "en dos mitades", el último cancelaba una metafísica convertida en "ontoteología" del Ser. Los tres tenían la inmodestia de dejar de lado períodos filosóficos que se cuentan por milenios, y ellos mismos aparecían como imperiosos puntos de partida. (En esta desmesura algunos percibieron signos de un enfermizo egotismo de raíz germánica.)

Con esta vocación de enterradores del pasado, nuestros autores contribuyeron a dejarnos casi sin futuro no sólo en el orden de las ideas sino también en el de la realidad concreta. Y es esa dimensión del tiempo que es preciso vivificar a toda costa. No se la rescata proyectando sobre ella el monopolio de una tarea única, ni dejándola en manos de nuestros abundantes mesías, macroeconomistas o ideólogos. Felizmente han quedado atrás las filosofías de la historia que teorizaban sobre su "sentido". Hoy se prefiere hablar de direcciones múltiples, de ninguna dirección, o sencillamente del "sinsentido". Reacciones saludables, por cierto, ante un futuro prisionero de la futurología, trazado de tendencias, filosofías de la historia, utopías y profecías milenaristas: expresiones todas de un determinismo que invirtió el orden de causas y las remitió al futuro. El resultado no fue otro que la negación de la libertad humana, del poder soberano de la voluntad para ir creando, a cada instante, los perfiles del porvenir: aun reconociendo que éste tiene su propia autonomía, un arbitrio incognoscible.

Es bueno haber despejado a esa "terra incognita" de prefiguraciones que acaso fueron útiles un día. Este acto de sensatez no significa que la preocupación por el futuro deje de hacer surgir nuevas preguntas por el sentido de la historia. Hoy ya se sabe que es un desatino obtener respuestas con un respaldo científico o filosófico. Pero sí resultan legítimas aquellas preguntas por el fin de la peripecia humana siempre que no se pretenda que pertenecen a una disciplina específica del conocimiento. Esas preguntas arraigan donde sea: son semillas errantes que caen en cualquier terreno de la cultura, y sus respuestas múltiples distribuyen en mil direcciones las imágenes del futuro.

Lo importante es que tales visiones invadan el presente y nos habitúen a mirar el horizonte, aunque las manos estén metidas en la tarea. No inquieta que esas visiones sean catastróficas o edulcoradas, pero sí interesa que ellas se contrapongan y corrijan mutuamente; interesa que el futuro sea omnipresente, que circule por nuestras horas y que en la más modesta rutina de la vida cotidiana se sienta la inmediatez de lo lejano.

8. Quiero decir que es bueno pensar un sentido para nuestro futuro porque ese pensamiento también le da sentido a nuestro presente. Yo no puedo dejar de pensarlo como un empeño de tradiciones que dialogan, de etnias que pierden una pureza que no resultó ser otra cosa que miedo, odio e indiferencia. Imagino lenguas de escasa difusión emergiendo a la universalidad de la mano de autores equivalentes a Dante, Goethe, Borges: único remedio de fondo a la invasión empobrecedora del monolingüismo. Imagino una ciencia que habiendo llegado lejos y sin salir de su camino realice hallazgos compatibles con los del hombre religioso. Y que aun sin confundirse,

la razón y la fe se tienden la mano para liberarse de sus dos prisiones: una de la soberbia racionalista, la otra de lo irracional. Pienso en un futuro donde aun tengan menos importancia las revoluciones: fueron genocidas porque hicieron de la violencia el instrumento del cambio social. Que ese cambio se realice por el protagonismo creciente de individuos, comunidades y organismos de la sociedad civil. Creo en un sentido de la historia que afirma la fraternidad humana, el hombre universal y la ciudadanía planetaria. Y que en aquel tiempo se hayan conjurado los riesgos del gigantismo económico, la pérdida de la diversidad por el predominio de lo uniforme, el "choque" de las civilizaciones.

9. Por cierto que este sentido de la historia en el que creo, no ha sido trazado por la Revelación (*Ciudad de Dios*), ni por la Razón (*La paz perpetua*), ni por la Historia (Hegel), ni por las Culturas (Spengler, Toynbee). Nace en lo más íntimo de la voluntad humana cuya decisión se hace responsable del presente y percibe, simultáneamente, que en su núcleo se gesta el futuro. Y se confía en esta gestación para corregir algunos signos de

la civilización contemporánea. Ella realizó prodigios para procurar un mayor acercamiento al prójimo: abolición de la distancia, forjó sutiles instrumentos de comunicación, de acumulación de datos y ensanchamientos de la memoria, creó la realidad "virtual" como forma de conocimiento. Pero estos avances notables dieron, en muchos casos, resultados opuestos: un distanciamiento del prójimo por reducción, abstracción y despersonalización. Y porque nos permite convivir con confortables sustitutos que ahorran las molestias del trato directo y los azares de la convivencia.

Esta civilización nos convirtió en solitarios abrumados de acompañantes, prójimos de utilería y de ficción, sonrisas estereotipadas, respuestas sesudas a preguntas que no se formulan, alegrías ficticias, apariencias perfectas y reemplazables que nos distraen hasta el último aliento. No es necesario prepararnos: morimos sin saberlo. Sin caer en la cuenta de que entre las manos teníamos un tesoro desaprovechado: el tiempo intemporal de la *inmediatez*, la experiencia directa, la vivencia, la vida inmediata. El tiempo en que el prójimo está allí y prolonga nuestro gesto, en que la amistad es una fiesta, el amor una comunión, la belleza un éxtasis, el heroísmo una santificación de la

181

voluntad, la vida una plenitud. ¿La verdad? Lo que fue siempre para los grandes: asombro, admiración, hallazgo, despertar, encuentro, revelación.

Es decir, experiencias absolutas, rasgos de una perfección que hemos visto irrumpir desde la inmediatez de un presente fugaz e imperfecto. Imagino esas vivencias en el futuro poseyendo una irradiación mayor, con versiones más ricas e inéditas, una multiplicación feérica de luces, tonos y palabras, un surtidor de aguas festivas que no dejarán a nadie sediento.

Tal es el sentido que yo quisiera para la Historia. Antaño el hombre medieval vivía en la inmediatez de lo eterno. El hombre desacralizado de nuestros días hizo del futuro su alimento y no debe descuidarlo. Sobre este tema creo necesario un "voluntarismo ontológico", es decir, querer que el futuro exista. Porque son muchos los signos de su debilitamiento, la pérdida de su imantación como saludable estímulo de vida. Y por último: ¿es impensable que la vida, de pronto, decidiera un *refoulement* genético-metafísico que anegara sus fuentes e impusiera otra vez la nada y el olvido?

Hace unos años vi *Así en la tierra como en el*

cielo un filme alegórico de Marion Hansel, genial directora belga. La protagonista (un notable Carmen Maura) era una madre encinta que seguía en los diarios una extraña información sobre crecientes casos de embarazadas que no podían dar a luz. El asunto le concernía. Cuando llega a entablar un diálogo con la criatura que lleva en su vientre, constata una rebelión de la especie: los niños por nacer no quieren entrar en un mundo que envenenó el futuro y no asegura su continuidad. (La madre encuentra palabras que persuaden a nuestro embrión-filósofo, en el sentido de que el futuro también *nace* con él, y el filme evita el cierre apocalíptico sin perder hondura ni belleza.)

Quise finalizar este texto con la alegoría de Marion Hansel. Empeñados en sacar el mayor provecho del "tiempo que pasa", ¿no estaremos debilitando la atención exigida por el "tiempo de la espera", es decir, el del alumbramiento, la llegada de la buena nueva, la entrada de lo inédito, lo no expresado aún? Me refiero a ese instante en que la contemplación más quieta se confunde con la tensión más viva de la voluntad que quiere que el futuro exista.

Índice

Juan Archibaldo Lanús

Un mundo sin orillas

Una profunda mutación anuncia el ingreso del mundo al siglo XXI. Varios fenómenos convergentes están modificando las bases del estado-nación, la revolución en las comunicaciones ha vencido al tiempo y al espacio, y una creciente interdependencia transnacional borra cada vez más la distinción entre política interna y externa.

A partir de la descripción del sistema financiero en su evolución desde la posguerra hasta hoy, y del análisis de las ideas que han influido en las decisiones de los gobiernos, *Juan Archibaldo Lanús* plantea en este libro la disfuncionalidad de las instituciones internacionales frente a la mundialización de las finanzas y el debilitamiento de los estados para actuar sobre la realidad económica.

Un mundo sin orillas es un trabajo que ayuda a comprender la transformación de las relaciones entre los estados y la incertidumbre que abre el inexorable proceso de globalización.

Santiago Kovadloff

Sentido y riesgo de la vida cotidiana

"He creído ver en los ensayos que integran este volumen una curiosa coreografía de conceptos que se buscan, se integran, se repelen y se complementan combatiéndose en respuesta a una inquietud argumental común: lo cotidiano, la vida llamada diaria, sus posibles sentidos, su probable valor. Decidí agruparlos para poner en escena ese doble movimiento de convergencia y dispersión, de unidad y diferencia en torno al asunto que, no sin asombro, fui descubriendo que los emparentaba.

Me agradaría que su lectura resultara amena, que estimulara otras. Casi todos estos ensayos fueron escritos con el propósito de alcanzar alguna claridad sobre el motivo de la insistencia con que, desde la bruma, sus temas me pedían atención."

S. K.

28 – Supermarket –gives idea [false] of
abundance –inexhaustible supply
of everything one could want

43 – history colonizing other subjects

59 – were the victims + violators
re-united by "forgetting" or
was the system such that it
was hard to tell who was
responsible for crimes

70 – 2 ways to occupy the globalized
world: world = one's fatherland
in the world w/o a fatherland

71 – At home in the world – how?

72 – criticism of globalism

81 – delicate balances dem. requires

82 – consolidation of dem. in Lat Am

119 – symptoms of gigantisms